本书是教育部人文社会科学研究青年基金项目"关系稳定性、联盟绩效与跨境农产品供应链优化：以广西—东盟为例"（项目批准号：16YJC630105）研究成果

关系稳定性、联盟绩效与跨境农产品供应链优化：

以广西—东盟为例

隋博文 ◎ 著

中国社会科学出版社

图书在版编目（CIP）数据

关系稳定性、联盟绩效与跨境农产品供应链优化：以广西—东盟为例/隋博文著.—北京：中国社会科学出版社，2018.6

ISBN 978 - 7 - 5203 - 2416 - 8

Ⅰ.①关… Ⅱ.①隋… Ⅲ.①农产品—供应链管理—研究—广西、东南亚国家联盟 Ⅳ.①F752.8

中国版本图书馆 CIP 数据核字（2018）第 085139 号

出 版 人	赵剑英
责任编辑	谢欣露
责任校对	王纪慧
责任印制	王 超

出　　版	中国社会科学出版社
社　　址	北京鼓楼西大街甲 158 号
邮　　编	100720
网　　址	http://www.csspw.cn
发 行 部	010 - 84083685
门 市 部	010 - 84029450
经　　销	新华书店及其他书店
印　　刷	北京明恒达印务有限公司
装　　订	廊坊市广阳区广增装订厂
版　　次	2018 年 6 月第 1 版
印　　次	2018 年 6 月第 1 次印刷
开　　本	710×1000 1/16
印　　张	13.5
插　　页	2
字　　数	203 千字
定　　价	58.00 元

凡购买中国社会科学出版社图书，如有质量问题请与本社营销中心联系调换
电话：010 - 84083683

前　言

伴随中国—东盟自由贸易区升级版和"一带一路"倡议的推进，中国—东盟农业互联互通进程加快，对中国—东盟农产品流通产业发展提出了新的要求，以核心企业为主导的跨境农产品供应链（联盟）国内外竞争加剧。我国跨境农产品供应链的"散、小、弱"与日益扩大的中国—东盟农产品流通与贸易需求严重不匹配，造成供应链成本高企、效率低下，亟待建立健全跨境农产品供应链体系。但目前跨境农产品供应链（联盟）理论研究较为滞后，实践中尚需探索有效的跨境农产品供应链（联盟），以提升跨境农产品供应链的整体水平和国际竞争力。

本书以供应链理论、流通产业组织理论等相关理论为指导，基于特定的"跨境"农产品供应链创新实践，构建一个以跨境农产品供应链（联盟）为核心的理论分析框架。在此基础上，着力探讨跨境农产品供应链关系稳定性的影响因素和联盟绩效评价的测度体系，以及分析和揭示跨境农产品供应链关系稳定性对联盟绩效的影响路径及作用机理，并进一步厘清跨境农产品供应链优化的逻辑线索及其思路与方法。

主要内容包括六个方面：①基于面向东盟维度的分析，深化对跨境农产品供应链特殊性的认识；②构建"关系稳定性—联盟绩效—跨境农产品供应链优化"分析框架，阐释其内在逻辑和作用机理；③基于跨境农产品供应链和关系稳定性的分析，探寻跨境农产品供应链关系稳定性的影响因素；④挖掘跨境农产品供应链和联盟绩效所隐含的综合测度指标，构建跨境农产品供应链联盟绩效评价体系；⑤依据分析框架，进一步揭示关系稳定性对跨境农产品供应链联盟绩效的影响路径和作用机理；⑥以广西—东盟跨境农产品供应链为例，并基于关系稳定性和联盟绩效双重视角，对既有跨境农产品供应链提出优化的思路与方法。

主要结论如下：

（1）跨境农产品供应链（联盟）是不断丰富与发展的一个概念、一种组织形式和一种新兴业态，已成为中国—东盟农产品流通产业发展的基石，其结构（类型）多样且具有不确定性、动态性、复杂性等特征，转型升级需求迫切。

（2）跨境农产品供应链优化是涉农涉外核心企业在联盟绩效最优驱动下，根据关系稳定性、联盟绩效及其影响机理进行的结构、流程重构活动。分析框架的内在逻辑和关联机理为：关系稳定性（因素）对跨境农产品供应链联盟绩效有直接影响；联盟绩效评价是跨境农产品供应链优化的诊断基础。

（3）跨境农产品供应链作为一项多主体（成员）参与、多要素约束的复杂的系统工程，受到跨境农产品供应链内外部多因素的影响和综合作用。实证结果表明：承诺与信赖、联盟预期、关系资本、利益分享等内部因素为主要影响因素且对跨境农产品供应链关系稳定性产生显著影响。

（4）遵循供应链绩效评价原则，从财务绩效、运营绩效、绿色绩效三个方面构建跨境农产品供应链联盟绩效评价体系。其中，财务绩效包括成本降低率、去库存水平、销售利润率、资金周转率；运营绩效包括交货提前期、响应速度、交货准确率、生产柔性、订单完成率；绿色绩效包括单位农产品能源利用率、废弃资源回收率、绿色技改销售投入比。实证结果显示：跨境农产品供应链联盟绩效评价体系具有有效性和可行性，该方法可以对跨境农产品供应链联盟绩效进行客观、准确的评价。

（5）关系（质量）并不直接等于绩效（产出），关系只有通过联盟特别是核心企业的协调与整合，被内化为成员企业的合作遵循，才能推动跨境农产品供应链联盟与核心企业绩效的总体改进。实证结果显示：承诺与信赖、联盟预期、关系资本、利益分享等因素对财务绩效、运营绩效影响显著，联盟预期、关系资本等因素对绿色绩效影响显著。

（6）基于关系稳定性和联盟绩效双重视角的跨境农产品供应链优化，是联盟及其成员企业之间以增强关系稳定性为基础、以改进联盟绩效为着力点并围绕结构和流程进行的持续性优化探索。案例分析表明：双重视角下跨境农产品供应链优化模型为集成式和独立式两种。集成式旨在农产品本地生产（加工）、跨境流通、东盟销售等诸多环节的功能和空间集成，其本质是一个关系型"虚拟组织"；独立式则突出核心企业和以核心企业统一管控的（农）产品流、信息流和资金流等联盟绩效点的作用。

上述研究结论的重要管理启示在于：强化跨境农产品供应链关系稳定性，构建"承诺与信赖、联盟预期、关系资本、利益分享"相统一的联盟共同体；规范跨境农产品供应链联盟绩效管理，构建集"财务绩效、运营绩效、绿色绩效"于一体的综合评价机制，并重视基于关系稳定性（因素）创新的跨境农产品供应链联盟绩效提升；基于关系稳定性与联盟绩效系统设计，才能持续优化跨境农产品供应链。

在新时代多重机遇叠加背景下，研究中国—东盟跨境农产品供应链具有重要的理论和现实意义。本书的出版将会丰富跨境农产品供应链研究的理论体系，对我国尤其是广西、云南等西南民族地区农业外向型战略方面的研究起到推动作用。

目　　录

第一章　导论

第一节　研究背景与问题的提出

一　研究背景

习近平总书记强调：我国农业发展要善于用好两个市场、两种资源，适当增加进口和加快农业走出去步伐。进入 21 世纪，农产品国际市场竞争日趋激烈，已从传统意义上的"单一实体"竞争转变为整个跨境农产品供应链体系的全面性、整体性竞争。特别是随着农产品买方市场的形成，我国农业对外开放面临着新的挑战，农产品地区市场、国内市场、国际市场间交互影响与作用日益深化和复杂，我国农产品相关行业的生存与壮大越来越取决于其整个供应链的整体素质和综合实力。国家"十三五"规划（2016—2020）提出，要发展更高层次的开放型经济，积极发展农产品加工业和农业生产性服务业，推进农业产业链和价值链建设，建立多形式利益联结机制，扩大优势农产品出口，培育有国际竞争力的农业跨国公司，以及更好发挥"一带一路"建设对西部大开发的带动作用。2016 年中央一号文件提出：完善农业对外开放战略布局、巩固农产品出口传统优势、培育新的竞争优势、扩大特色和高附加值农产品出口、支持我国企业开展多种形式的跨国经营以及加强农产品加工、储运、贸易等环节合作并培育具有国际竞争力的粮商和农业企业集团。我国首次以国务院办公厅名义发布的有关供应链的专题文件《国务院办公厅关于积极推进供应链创新与应用的指导意见》（2017）又提出了推进农村各产业融合发展、提高流通现代化水平、积极倡导绿色供应链、努力构建全球供应链等一系列重点任务。然而，农产品跨境供应链一般较长，涉及主体较多，运作较为复杂（罗必良等，2012）。同时涉农涉外企业也越来越认识到跨境农产品供应链优化不仅是为了降低成本，更重要的是提高顾客满意度。可见，面对国际竞争日益激烈的农产品国际市场，我国跨境农产品供应链（联盟）将更加复杂，针对这种情况，跨境农产品供应链的资源整合优化亦将成为其联盟、核心企业甚至我国外向型优势特色农业提升国际竞争力的重要一环和关键一招。

二 问题的提出

当前，以农业跨国公司为主导的农业国际化进程正深刻地改变着农业国际分工和贸易格局（谭砚文，2011）。2015 年，我国农产品进出口总额为 1861.0 亿美元（其中：进口额 1159.2 亿美元），贸易逆差达 457.4 亿美元，如何积极利用跨境农产品供应链模式带动我国农产品出口增长，将其天然的国际竞争优势发挥出来，是当前亟待打破的发展“瓶颈”。中国—东盟自由贸易区（CAFTA）2002 年启动建设，特别是 2010 年正式建成以来，在双边农产品流通贸易“零关税”政策导引下，中国—东盟农业互联互通进程逐步加快，东盟也日趋成为我国农业“走出去”的重要目的地（经济体）。李克强总理在第 19 次中国—东盟（10＋1）领导人会议上的讲话中指出：跨境经济、农业和减贫、互联互通等已被确定为中国—东盟优先合作领域。时至今日，中国—东盟跨境农产品流通产业已经发生了重大变化，以核心企业为主导的跨境农产品供应链（联盟）国内外竞争加剧，面向东盟的农产品流通体系亟待转型升级。一方面是我国农业“走出去”步伐加快，但具有国际竞争力的涉农涉外核心企业集团仍然“缺乏”；另一方面是农业供给侧结构性改革深入推进，外向型优势特色农业（农产品）的规模化生产效应及其在产业扶贫方面的作用日益突出。跨境农产品供应链的“散、小、弱”与本地优势特色农业（农产品）的巨大体量、国际特别是东盟农产品市场的互补需求严重不匹配，跨境农产品供应链并未有效推进农业外向化，上中下游涉农涉外企业（含农户）结成联盟时，又往往流于形式。

供应链管理（Supply Chain Management，SCM）被学术界称为战略决定性因素（Connor，1993），同时也被企业界看作客户创造价值的有效途径。1999 年 4 月，全球著名的供应链管理专家大卫（David）和李（Lee）发表了题为"协同供应链：新的前沿"的文章，该文章指出，新一代的供应链战略即为合作型、联盟型、协同型供应链。供应链理论表明，如果参与主体合作意愿强烈，同时重视契约精神，供应链联盟才有可能减少各个环节的交易成本，实现生产、流通与销售的有效链接，从而最大限度地缩短供应链周期和改善供应链服务，以获取最大且可持续收益。事实上，跨境农产品供应链的优化，从本质上讲，是联盟关系和结构的大调整、大改进。此外，中国—东盟农业互联互通实践亦证明，稳定的跨境农产品供应链关系是联盟绩效（产出）的"主心骨"和"压舱石"，而联盟绩效的测度和评估又关乎跨境农产品供应链变革的方向与重点。那么，如何通过关系稳定性影响因素、联盟绩效测度指标及其作用路径和强度的研判，而最终实现跨境农产品供应链的优化呢？

本书的目的是基于特定的"跨境"农产品供应链创新实践，探讨跨境农产品供应链关系稳定性的影响因素和联盟绩效评价的测度意涵，由此分析和揭示跨境农产品供应链关系稳定性对联盟绩效的影响路径及作用机理，并进一步厘清跨境农产品供应链优化的逻辑线索及其思路与方法，具有重要的理论价值和现实意义。

第二节　研究目的和研究意义

一　研究目的

跨境农产品供应链作为中国与东盟之间实现农产品贸易流通的

重要载体和基本形式，对双边农产品进出口的影响日益增大（朱烈夫、陈伟，2015），但我国出口农产品供应链整体水平不高也是一个客观现实（李军民等，2007；王金辉，2015）。相对于传统的农产品供应链而言，基于出口导向或目标的战略协同是跨境农产品供应链的本质要求。而关系稳定性是战略协同的基础，联盟绩效是战略协同的结果，关系稳定性质量（基础）通过跨境农产品供应链实践对联盟绩效产出（结果）产生影响。

本书以供应链关系理论为出发点、以供应链优化实践为落脚点，聚焦跨境农产品供应链关系稳定性、联盟绩效及其影响问题。在现有研究成果的基础上，运用结构方程模型（SEM）等方法，选取并构建跨境农产品供应链关系稳定性影响因子的关键维度和跨境农产品供应链联盟绩效评价的关键维度，提出相关假设，并实证分析关系稳定性对跨境农产品供应链联盟绩效的影响。据此，基于关系稳定性和联盟绩效双重视角，给出优化跨境农产品供应链的理论路径与实施策略。

二　研究意义

理论意义：纵观国内外文献，当前国内农产品供应链研究范围主要集中在国家、省及以下区域范围或某种具有某一特定属性的农产品；而跨境农产品流通贸易（或产销对接）的文献研究多以其成因（如生产互补性）、结果（如贸易顺差或逆差）以及技术设施（如跨境电商、物流平台）为主，从供应链角度研究跨境农产品产销对接的文献则鲜有见到。为此，本书拟通过建构"关系稳定性—联盟绩效—跨境农产品供应链优化"理论分析框架，进一步阐明其内在逻辑及关联机理，并通过相关实证分析进行验证，为跨境农产品供应链的深入研究提供理论依据。

实践意义：本书样本数据来自广西—东盟跨境农产品供应链（联盟）企业的问卷调查或相关统计资料（报告），研究的广度和深度可以基本反映中国—东盟农产品流通产业发展的一般实践。理论源于实践、指导实践并受实践检验（钱文荣，2006）。本书识别的跨境农产品供应链关系稳定性关键影响因素、建构的跨境农产品供应链联盟绩效评价体系和设计的跨境农产品供应链优化模型，为联盟或核心企业如何进行关系稳定性、联盟绩效和跨境农产品供应链优化的关键要素管控提供了实践指导。

第三节　研究思路及研究内容

本书将供应链理论与流通经济学相结合，构建"关系稳定性—联盟绩效—跨境农产品供应链优化"的理论分析框架，一方面阐明跨境农产品供应链的特殊性，特别是其关系稳定性的影响因素和联盟绩效评价的测度意涵；另一方面揭示跨境农产品供应链关系稳定性对联盟绩效的影响路径及作用机理，从而厘清跨境农产品供应链优化的逻辑线索及其思路与方法。主要包括以下研究内容（见图1－1）：

第一，跨境农产品供应链的特殊性研究（即一个分析维度：面向东盟的跨境农产品供应链）。

通过文献梳理与实地调研，立足广西—东盟实践，分析、总结跨境农产品供应链的概念演变、形成机制、类型结构、总体特征及发展困局。跨境农产品供应链概念是随着相关理论演进和双边农业互联互通实践探索而不断丰富和发展的。从专业化市场、地理区位、企业家精神以及供求、技术和政策六个层面检视跨境农产品供应链的形成机制；以核心企业为主导的跨境农产品供应链主要有物流园区主导型、仓储基地主导型、农产品出口加工企业主导型、国际物流公司主导型、口岸主导型、批发市场主导型和电商平台主导型等；从生产、参与主体和流程等角度归纳跨境农产品供应链的总体特征；并从有效衔接与利润普惠、流通成本与价值增值、市场波动与国际竞争等方面阐释跨境农产品供应链的发展困局。这为本书跨境农产品供应链接续研究（主要是理论分析框架建构、实证检验和案例分析）打下了坚实的基础，并提供了广阔的空间。

第二，"关系稳定性—联盟绩效—跨境农产品供应链优化"分析框架及阐释。

将供应链理论与流通经济学相结合，从"跨境农产品供应链优化"的目标视角考察跨境农产品供应链的关系稳定性影响因素、联盟绩效评价测度及其影响机理：跨境农产品供应链是一个特殊的供应链——农产品是本地生产、跨境流通、东盟销售的；整个涉农涉外供应链具有"跨境"的时空特征；跨境农产品供应链结构和流程的优化有赖于联盟绩效的测评与监督；联盟绩效的优劣又受到关系稳定性因素的影响。构建"关系稳定性—联盟绩效—跨境农产品供应链优化"理论分析模型，界定一个概念——跨境农产品供应链，进一步阐明其关系稳定性因素对联盟绩效的影响路径和程度以及联盟绩效（评价）在跨境农产品供应链优化中的诊断作用。重点分析关系稳定性因素是如何影响跨境农产品供应链联盟绩效，进而揭示该供应链整体水平及其优化的理论路径。

第三，实证分析Ⅰ：跨境农产品供应链关系稳定性的影响因素。

该阶段研究聚焦于探索和验证跨境农产品供应链关系稳定性影响因素的构成。首先通过大量的文献阅读和以典型访谈为基础的预调查，界定跨境农产品供应链关系稳定性的概念内涵、外延，确定具体的测量指标，并初步验证和修订研究假设，进而通过正式问卷进行实证研究，从而得出管理启示。

第四，实证分析Ⅱ：跨境农产品供应链联盟绩效评价。

实证分析Ⅰ的研究中，主要是对跨境农产品供应链关系稳定性影响因素进行识别和确定，而本阶段须进一步考查跨境农产品供应链联盟绩效的评价问题。事实上，跨境农产品供应链联盟的绩效评价（测度）是多层次的。试图构建跨境农产品供应链联盟绩效评价体系，并遴选和验证该指标体系中的一级指标、二级指标及其权重，从而得出管理启示。

第五，实证分析Ⅲ：关系稳定性对跨境农产品供应链联盟绩效的影响。

　　该阶段研究将以跨境农产品供应链（联盟）为研究对象，结合既有文献成果以及跨境农产品供应链关系稳定性影响因素和联盟绩效评价指标，提出相应研究假设，利用问卷（数据）进行检验，全面揭示关系稳定性对跨境农产品供应链联盟绩效的作用机制，从而得出管理启示。

　　第六，跨境农产品供应链的优化：关系稳定性和联盟绩效双重视角。

　　运用研究结果即跨境农产品供应链关系稳定性的影响因素、联盟绩效的评价测度及其影响机理，以广西—东盟跨境农产品供应链为例，设计该跨境农产品供应链的优化路径和模式，并给出策略和建议。

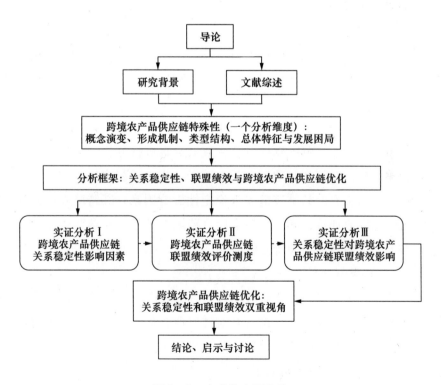

图 1-1　本书的内容安排

第四节 研究方法和数据来源

一 研究方法

本书除采用文献研究、实证访谈等研究方法外，还将具体运用以下研究方法：

（一）问卷调查

通过问卷设计（调查）主要期望反映四个方面的内容：一是跨境农产品供应链关系稳定性的影响因素（李克特5级量表），包括信任与承诺、联盟预期、关系资本以及利益分享等。二是跨境农产品供应链联盟的绩效评价，包括财务绩效、运营绩效和绿色绩效等方面。三是关系稳定性对跨境农产品供应链联盟绩效的影响（李克特5级量表），即信任与承诺、联盟预期、关系资本、利益分享对财务绩效、运营绩效、绿色绩效的逐一影响。四是广西—东盟跨境农产品供应链实际运作情况，包括关系稳定性、联盟绩效和供应链优化等层面。

（二）实证研究

通过 SPSS、AMOS 软件对问卷数据资料进行分析和处理，主要是描述性统计、信度和效度分析、因子分析、适配度检验等，依次验证：①跨境农产品供应链关系稳定性影响因素；②跨境农产品供应链联盟绩效评价；③关系稳定性对跨境农产品供应链联盟绩效的影响等三个内容的相关研究假设。

（三）案例分析

结合"关系稳定性—联盟绩效—跨境农产品供应链优化"理论分析框架及其实证研究结论，并通过广西—东盟跨境农产品供应链关系稳定性、联盟绩效以及供应链优化三个层面的现实考察，提出新时期跨境农产品供应链优化的可行性理论路径并设计出优化模型。

二 数据来源

本书的研究内容涉及关系稳定性、联盟绩效与跨境农产品供应链优化等多个关联性问题，因此相关数据受到可获得性的约束。为了便于问题的分析，本书选择了不同的数据来源。

第一个方面的数据来源于中国物流学会（中国物流与采购联合会）面上课题计划项目"中国—东盟跨境农产品供应链：框架设计与运行策略"课题组于 2015 年秋进行的跨境农产品供应链核心企业抽样问卷调查。共发放问卷 200 份，收回有效问卷 162 份。本书第五章的实证研究采用了该数据。

第二个方面的数据来源于中国物流学会（中国物流与采购联合会）面上课题计划项目"中国—东盟跨境农产品供应链：框架设计与运行策略"、广西哲学社会科学规划项目"广西农产品供应链集成化研究"和广西高等学校中青年教师基础能力提升项目"广西—东盟跨境农产品供应链关系稳定性对绩效影响研究"联合课题组于 2016 年春进行的跨境农产品供应链核心企业及其他成员企业抽样问卷调查。共发放两类问卷，其中一类 360 份，收回有效问卷 290 份；另一类 50 份，收回有效问卷 50 份。本书第七章的实证研究使用了第一类（290 份）数据，本书第八章的案例分析则使用了第二类（50 份）数据。

第三个方面的数据来源于《中国统计年鉴》（2011—2015 年）、《中国—东盟商务年鉴》（2011—2015 年）、《广西统计年鉴》（2011—2015 年）、《广西商务年鉴》（2011—2015 年）和广西农业厅、南宁海关关于跨境农产品产销对接的有关统计资料，以及跨境农产品供应链（联盟）核心企业的有关统计报告。本书第三章对跨境农产品供应链"形成机制"等所做的农产品进出口分析主要采用了该数据，第六章的实证研究亦使用了该数据。

第五节　可能的创新

本书作为中国—东盟农业互联互通新时代跨境农产品供应链（联盟）发展的理论与实证研究，可能的创新之处在于：

（1）在"一带一路"背景下，以"跨境农产品供应链"的独特视角，融合供应链理论和流通经济学，揭示跨境农产品供应链的运作特征，提出"跨境农产品供应链是中国—东盟农产品流通产业发展的基石"的命题，并由此深化跨境农产品供应链理论和实践的相关研究。而国内外学者对跨境农产品供应链关注很少，目前尚没有对跨境农产品供应链的系统研究。

（2）构建"关系稳定性—联盟绩效—跨境农产品供应链优化"的理论分析框架，并将其运用于跨境农产品供应链关系稳定性与联盟绩效的内在机理及在此基础上跨境农产品供应链优化的研究，既利于农产品供应链理论的拓展（同时也是对全球农产品供应链理论的有益补充），也利于深化新时期中国—东盟农业互联互通实践的认识。

第二章 理论基础与文献综述

第一节 理论基础

本书是以供应链管理理论和流通产业组织理论为主的，并将跨境农产品供应链（联盟）看成由涉农涉外产业系统和涉农涉外供应链管理系统组成的复合型网链体系。在研究跨境农产品供应链（联盟）的其他问题前，需要先了解供应链管理学、流通产业组织学。

一 供应链管理理论

供应链[①]从概念到科学发展到今天，逐渐细分为供应链经济和供应链管理两大理论分支；也有很多学者认为，供应链经济和供应链管理是相互交叉融合、相辅相成的，并将其统称为供应链理论。纵向来看，供应链关系管理、供应链绩效管理、供应链优化管理等成为供应链管理理论的三大发展方向；横向来看，工业产品（即纯制造业）供应链、农产品供应链以及旅游供应链、建筑供应链、电商供应链等成为供应链管理理论不同的应用领域。供应链管理理论的核心是：把供应链上节点企业的生产经营活动作为一个系统化的

---

① 李建标、武立东（2003）认为，与供应链内涵的变化相适应，当人们对供应链的认识从单个企业内部扩展到企业之间的时候，也就意味着供应链联盟这种新型的企业组织形式的出现（《现代供应链联盟问题研究》，《山西财经大学学报》2003 年第 1 期）。而本书研究主要是针对跨境农产品供应链成员企业之间，因此，并未对供应链与供应链联盟做严格区分。

过程来进行协调管理，确保由环环相扣、节节相连而成的网链结构的供应链有效和良性运转。总的来说，对供应链管理思想的理论诠释可从四个角度来理解：一是对"链"上节点企业交易费用（成本）的研究；二是对"链"上节点企业资源互补性的研究；三是对"链"上节点企业委托代理的研究；四是对"链"上节点企业业务流程重组的研究。尽管这四大理论在各自领域已被广泛应用并衍生出许多学术流派，但厘清供应链管理的这些理论基础将有助于揭示跨境农产品供应链的来龙去脉和主旨意涵。

（一）交易费用理论

交易费用理论又称交易成本理论，主要关注于关系交换和机会主义行为两方面问题。交易费用理论最早由科斯（Coase）于1937年在《论企业的性质》一文中率先提出，认为企业的商务谈判、信息收集等交易活动均会产生交易费用，开创了将交易费用引入经济分析的先河。交易成本决定了企业的存在，企业采取不同的运行模式和组织结构的终极目标也正是为了节约交易费用。之后，威廉姆森（Williamson）在此基础上，把交易费用划分为两部分：事先的交易费用（即签约、谈判、保障契约等所花费用）和事后的交易费用（即适应性、讨价还价、建构与营运、约束等所花费用），并认为交易费用的主要影响因素为有限理性与机会主义（其中导致机会主义的三个变量为资产专用性、不确定性和交易频率），成为交易费用理论的集大成者。此外，交易费用理论还阐明，企业可以运用收购、兼并、重组等资本运营方式将市场内部化，进而消除由市场的不确定性所带来的各种风险和挑战，降低交易费用。正是由于交易费用的存在，在中国—东盟农业互联互通中就应该考虑如何降低该交易费用，以取得最佳经济效益。跨境农产品供应链管理不失为一种降低中国—东盟农业互联互通交易费用的重要举措。基于交易费用理念，在跨境农产品贸易与流通市场环境中寻求一种费用最低的制度性安排，使各成员企业（含农户）形成一种长期的、稳定的契约安排与联盟关系，进而提高专用性资产的利用效率和信息共享程度，降低或减少交易的不确定性和机会主义倾向，缩短跨境农产品贸易与流通时间，最终实现降低整"链"交易费用的目标。

（二）资源基础理论

资源基础理论由沃纳菲尔特（Wernerfelt）于 1984 年在《企业资源基础理论》一文中首次提出，基本思想是把企业视作一个难以模仿的资源集合体，是一个由一系列自然资源和动态能力构建而成的有机体；核心问题是探讨企业之间存在绩效差异的缘由以及企业利用异质性资源建立和保持可持续竞争优势的路径与方式方法。其中，企业资源一般包括资产、能力、组织流程、企业属性、信息和知识等。资源基础理论与当时迈克尔·波特（Michael Porter）的竞争优势外生论有着本质的区别。资源基础理论阐明，企业所拥有或控制的特殊资源具有难以复制或模仿、难以交易等鲜明特征，尤其是异质性资源；当企业资源具备价值性、稀缺性、不可完全模仿和替代性时，这些资源即成为企业的可持续竞争优势之源。资源基础理论认为，企业不同，资源的优劣势一般不同，但企业资源在商业环境的变化过程中，曾经的优势（劣势）也可能在将来会变成劣势（优势），即两者在不同阶段可能会发生相互转化。更重要的是，资源基础理论还用"资源"解释了企业间的联盟和网络问题，即战略联盟和企业间合作亦为企业获取资源的一种方式。可见，资源基础理论为跨境农产品供应链的长远发展指明了方向，即企业应培育、获取能够为跨境农产品供应链带来竞争优势的特殊资源。在战略目标一致的情况下，通过跨境农产品供应链管理将各节点企业资源（尤其是核心资源）进行重新整合，并在整个供应链上进行统一配置，从而实现由节点企业的个体资源向跨境农产品供应链整体资源的集聚和再平衡，形成结构更优化、竞争优势更明显和可持续的动态跨境农产品供应链。此外，资源和能力的发展，还可以通过跨境农产品供应链的各项关键性能指标的改善来反映。

（三）委托—代理理论

委托—代理理论最早由伯利和米恩斯（Bede and Means）在其合著的《现代公司与私有财产》一书中被率先提出：针对并倡导所有权和经营权分离，企业所有者保留剩余索取权，而将经营权利让渡。之后许多经济学家对该理论进行了丰富和发展，直到詹森和麦克林（Jensen and Meckling）于 1976 年发表《企业理论：经理行为、代理成本与所有权结构》一文，委托—代理理论的研究方法才正式定型。委托—代理理论的产生和发展对促进企业管理机制的转变和发展做出了重要贡献，并为解决企业的内部治理问题提供了分析的框架，它强调委托人和代理人之间利益不一致且存在信息不对称性。公司治理理论是建立在非对称信息博弈论基础上的。由此，委托—代理理论的中心任务是探讨在信息不对称和利益相冲突的复杂环境下，委托人如何通过制度设计促使代理人在实现其自身效用最大化的同时，也能够兼顾委托人的效用最大化，进而解决有效激励与风险共担两大问题；该理论模型可以有效分析逆向选择、道德风险、不可验证性三种类型的激励问题。委托—代理理论既可解释合同或交易双方的互动关系类别，也可用于激励双方建立长期联系，扩大合作广度和深度，提升合作质量及水平，共同承担与化解合作风险。马克思主义的委托—代理理论进一步指出，委托—代理关系产生的原因为大规模分工与协作生产的相继出现。在跨境农产品供应链的成员企业合作关系中，许多成员企业主体间存在着信息不对称的情况，如农户与本地加工商、本地加工商与跨境流通商、跨境流通商与东盟销售商之间，成员企业间的信息不对称，会引起"委托—代理"行为和关系。通常，跨境农产品供应链的逆向选择问题可采用信号理论的方法（即通过某种信号研判成员企业的优劣）予以解决；而其道德风险问题一般则采用激励约束机制予以解决。此外，委托—代理理论还能够预测哪些观测变量是可以进入薪酬契约或合同的（根据委托代理理论，只要该项指标提供了代理人行动的相关增量信息，就应该将其纳入到薪酬契约或合同中），这对于跨境农产品供应链成员企业业绩评价乃至联盟绩效评价有直接指导意义。

（四）业务流程重组理论

哈默（Hammer）在20世纪90年代初首次提出了企业再造的概念。业务流程重组理论又称业务流程再造理论，则由哈默和钱皮（Champy）于1993年在其合著的《再造企业——管理革命的宣言书》一书中被正式提出。他们率先构造了（企业）业务流程重组理论的框架，认为业务流程重组是企业获得竞争优势与生存发展甚至壮大的首要途径，主要包括三个方面内容：一是流程重组的对象是业务流程（可以是部门内、企业内、企业间即供应链内）；二是流程重组的手段是在突破既有组织和模式基础上的业务流程的全面革新；三是流程重组的目标在于成本、质量、服务等方面的综合改善。业务流程重组理论的核心思想是：打破企业按职能设置相关部门的传统管理方法，以业务流程为核心和线索，重构企业运维和管控过程及其机制。供应链管理的主线是对具有矢量特性的产品流、信息流、资金流的综合管控，实现"货畅其流"。进入21世纪以来，业务流程重组在涉农涉外供应链管理领域同样引起了广泛的重视，主要原因在于涉农涉外供应链和核心企业面临的国际国内竞争环境越来越激烈，农产品本地生产、跨境流通和国外销售的整个周期越来越短，终端消费者需求也越来越多样化和个性化，要想在这样的复杂环境中立于不败之地，并求得发展甚至壮大，涉农涉外供应链和核心企业必须权衡各方因素并采取相应管理对策来维持和加强自身的竞争能力。需要注意的是，为规避风险，跨境农产品供应链在实施业务流程重组时，一般应选择那些最可能获得阶段性收益、优化起来难度相对较小、跨境农产品周期相对较短或者对实现整个供应链战略目标有重要影响的关键结构节点和环节流程作为优化的着力点与落脚点。

二　流通产业组织理论

流通产业组织简称流通组织，是指流通产业内部大中小企业相互关系所构成的集合体。流通产业组织通常可分解为两个层面：流通产业组织主体、流通产业组织结构。其中：流通产业组织主体即为商品流通从业者（包括自然人和法人，如商业企业、物资企业、外贸企业及个体经营者等），流通产业组织结构即为流通产业内大中小企业相互关系格局和资源配置结构及其关联性。流通产业组织理论主要是对流通产业领域的垄断竞争，以及流通产业组织如何匹配、耦合甚至带动相关产业发展等进行研究的流通经济理论。而流通经济理论的重点是讨论流通行为、流通绩效、流通结构以及流通渠道、流通国际化、流通机构与流通产业系统等系列相关问题（夏春玉，2006）。从这个线索出发，流通产业组织思想的理论诠释可从两个角度来理解：一是对流通产业组织"结构—行为—绩效"的研究；二是对流通产业组织网络（化）的研究。这两大理论已在各自领域得到广泛应用，同时也衍生出诸多流派，因此，厘清流通产业组织的这些理论基础将有助于建构跨境农产品供应链的逻辑思路和策略体系。

（一）"结构—行为—绩效"理论

"结构（Structure）—行为（Conduct）—绩效（Performance）"范式（SCP范式）是传统产业组织理论的核心和代表，最早诞生于20世纪30—60年代的哈佛学派，其核心论断是：产业可以分解成特定的市场，而在这个市场中，市场结构决定着企业的行为，而企业的行为又决定着市场运行的经济绩效，且"结构—行为—绩效"系一种单向的因果关系链。之后，芝加哥学派对此提出质疑和批评，认为所谓的"结构—行为—绩效"关系链其实是一种双向的、相互影响的多重关系，强调市场绩效起着决定性的作用，不同的企业效率会形成迥异的市场结构。20世纪七八十年代以来，随着博弈论和信息经济学等的介入，产业组织理论出现了由"结构主义"向"行为主义"的重大转变，虽然SCP范式仍是产业组织的重要经济逻辑架构，但产业组织理论和实践的研究却越来越注重"结构—行为—绩效"之间的双向关系和动态变化，同时将同一产业内企业间市场关系的分析拓展到相关产业企业间市场关系的分析当中。流通产业组织是一类特殊而又极为重要的产业组织类型，原因在于它与生产、贸易等行业企业关联度高，是生产、销售甚至贸易的"桥梁"和"枢纽"。进一步的实践表明：如果流通产业组织主体（特别是大企业）做出适应性的反应，就会改变整个流通结构和企业的行为；流通市场绩效也会导致流通结构和企业行为的变化。具体到跨境农产品供应链，关系稳定性是"行为"的集中体现和内外在综合表征，联盟绩效是基于联盟的系统化"绩效"，供应链优化主要是"结构"和流程的优化设计。因此，借鉴包括流通产业组织理论在内的产业组织理论体系，特别是 SCP 范式及其修正式，建构"关系稳定性—联盟绩效—跨境农产品供应链优化"的分析框架是符合其理论演进和现实需求的。

（二）网络组织理论

20 世纪 60 年代，在巴纳德（Barnard）、西蒙（Simon）、钱德勒（Chandler）等的理论贡献下，现代组织理论正式创立。此后的20 世纪下半叶，网络组织理论开始萌芽、发展和走向成熟，其主要内容包括四个方面：网络组织建立的缘由、网络组织的本质、网络组织的效应和网络组织的边界。首先，网络组织是由于企业内部制度分权和企业间（不同的市场主体间）为获得资源共享和整体竞争优势而共同建立的，且多基于信任而建立；其次，网络组织是组织间的合作联系（分工与协作），其本质是一种动态的治理逻辑和战略安排；再次，企业将组织结构改变为网络模式，旨在促进正效应（如绩效）改善、减少负效应影响；最后，网络组织的边界具有模糊性和边界弹性。伴随经济一体化的进程和流通产业主体之间协作、共赢意识的增强，越来越多的流通产业网络组织相继产生和发展，已成为全球化竞争态势下的重要流通组织形态，并引起专家、学者们深入而持续的研究关注。他们认为，流通产业网络组织是流通企业与生产、销售和贸易等相关企业间，在各个生产、流通、销售和贸易等环节上基于长期交流合作而逐渐形成的一种互惠互利、稳定高效的一体化"准组织"形态，该"准组织"具有一定的认同感和信任感。此外，流通产业组织的网络（化）解释还包括流通产业组织的信息化、国际化以及纵向一体化、横向一体化等。从这个意义上来看，流通产业网络组织也可以视作供应链、农产品供应链、跨境农产品供应链的概念雏形。跨境农产品供应链的核心内容是对"链"上个体成员之间关系的协调和对"链"上跨境（农）产品流、信息流、资金流的管控，企业在关系维度和产品维度上相辅相成、相得益彰，从而使跨境农产品供应链成为一个具有自组织、自适应（调整优化）和自学习特征的动态演进"链"。

第二节　文献综述

目前，针对农产品供应链的研究越来越多，也有学者对该领域进行了有条理的综合性叙述，大多数学者进行的是有关农产品供应链设计和管理的文献综述工作。但近年来，随着农产品供应链关系管理、绩效管理、优化管理甚至涉农涉外供应链文献的增多，有必要对农产品供应链领域的最新研究工作进行详细的审读，以期归纳出农产品供应链新的研究内容和方向，特别是对跨境农产品产销对接的研究领域进行分析。

一　农产品供应链定义

（一）供应链的定义

一般认为，供应链（Supply Chain，SC）是在美国哈佛商学院迈克尔·波特教授于 20 世纪 80 年代初期提出的价值链理论基础上发展而来的，至今仅有 30 多年的历史。事实上，供应链管理（Supply Chain Management，SCM）理论起源于 IBM、HP、克莱斯勒等企业在其制造业（即工业产品，非农加工品）产业链上的合作式竞争实践（张晟义，2004）。自供应链概念提出以来，许多学者和机构从不同的角度给出了供应链的定义，但到目前为止尚未形成统一的定义。国外比较常见的供应链定义是：物品从供应商向下流动到客户，而信息向着两个方面流动的一个由供应者、制造者、分销者、零售商和客户等构成的系统（Lee and Billington，1992；Lamming，1996）。还有学者认为，供应链是一个组织网络，所涉及的组织单元从上游到下游，在不同的过程和活动中对交付给最终用户的产品或服务产生价值（Croom et al.，2000）。供应链概念引入我国以来，国内学者也对其定义进行了描述。代表性的有：①供应链是一个环环相扣的链条，该链条包括企业从原料和零部件采购、运输、加工制造、分销直至最终送到顾客手中的整个过程（陈国权，1999）；②供应链是原材料供应商、零部件供应商、生产商、分销商、零售商、运输商等一系列企业组成的价值增值链（蓝伯雄等，2000）；③供应链是围绕核心企业，通过对信息流、物流、资金流的控制，从采购原材料开始，到制成中间产品以及最终产品，最后由销售网络把产品送到消费者手中的，将供应商、制造商、分销商、零售商、直到最终用户连成的一个整体的功能网链结构（马士华、林勇，2006）。国家标准《物流术语》2006年版将其定义为：生产与流通过程中所涉及的将产品或服务提供给最终用户的上游与下游企业所形成的网链结构。《国务院办公厅关于积极推进供应链创新与应用的指导意见》（2017）中提出，供应链是以客户需求为导向，以提高质量和效率为目标，以整合资源为手段，实现产品设计、采购、生产、销售及服务全过程高效协同的组织形态。从市场需求和系统管理的角度看，供应链主要具有以下特征：复杂性、动态性、响应性和交叉性。其中：复杂性是指供应链一般由多个企业（含类企业性质组织）组成，相较单个企业运维和管控要复杂；动态性是指构成供应链的节点企业需要根据内外部环境变化做出相应的动态更新或调整；响应性是指供应链的形成和优化甚至重构都是基于一定的市场需求；交叉性是指节点企业可以是几个不同类型结构供应链的成员（鲁耀斌等，2004；林勇、陈凯，2007；张虹，2012）。

从长期受益和环境保护的角度看，供应链还应具有可持续性的特点（李海燕等，2006；于志宏，2012；李长海，2013）。通过分析上述供应链的定义和特征（特点）可以看出，供应链的概念主要包括以下几个方面：①供应链的主体是指供应商、生产商、流通商、销售商、终端消费者；②供应链的客体是指产品流、信息流、资金流；③供应链活动是指对产品流、信息流、资金流进行管控；④供应链在形式上是具有呈网链结构的完整功能并可持续的系统。这四者贯穿起来，就形成了供应链。

显然，供应链的概念强调的是由供应商、生产商、流通商、销售商（含分销商、零售商），直到终端消费者所形成的网链或网络结构。供应链定义的精髓是上下游的供求关系、协同关系和共享关系，是生产（加工）、流通、销售（分销、零售）等职能的分工与合作。从运行特征上看，供应链更关心的是物（产品）的所有权的动态转移，即价值流、资金流和信息流的规律。事实上，在供应链管理实践中，基于复杂的市场需求且由多个企业集合、链接而成的供应链亦多为动态的供应链，且主要围绕合作关系管理、绩效评价（激励机制）、供应链（企业）组织结构优化和运输管理、库存管理、设施选址决策以及客户管理服务、风险防范管理等几项既相互独立又彼此关联的活动展开（刘春全、李仁刚，2008；王宏伟、陈菊红，2010；唐金环、戢守峰，2014；霍宝锋、李丝雨，2015）。运输管理、库存管理和设施选址作为物流系统管理和优化中的三个关键问题，三者之间存在着相互依赖的关系（杜丽敬、李延晖，2014）。所以，运输管理、库存管理和设施选址可以统称为物流管理与选址。在供应链运维和管控中，合作关系管理、绩效评价与激励机制、供应链（企业）组织结构、物流管理与选址、客户管理服务和风险防范管理成为其六大活动因子，供应链的理论和实践内涵以及实现机理可用蜂巢模型来表示（见图 2-1）。供应链活动因子呈六角形排列且交错叠加，活动因子交互作用、耦合，在空间形成供应链巢。

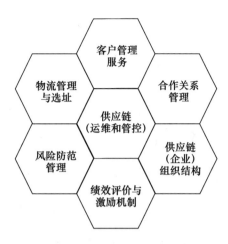

图 2 - 1　供应链理论蜂巢模型剖面

　　综观国内外文献，当前供应链研究内容正朝着供应链的全球化与协同化、供应链的柔性化与集成化、供应链的信息化与智能化、供应链的绿色化与多元化等重点、难点、热点方向发展。需要指出的是，供应链的产生和发展历史虽然不长，但自经济全球化以来，由于其在涉外企业或跨国集团国际化经营中的重要地位和作用，以及其对提升涉外企业或跨国集团国际竞争力的明显优势，全球供应链（模式和结构）这一供应链的重要类型便逐渐成为国内外学者关注的焦点。全球供应链（Global Supply Chain）是指由跨国公司主导并在世界范围内构建的供应链网络，并在时间、空间两个维度实现生产和研发、物流与仓储、销售及贸易等的全球性互联互通，以满足不同国家的不同市场需求（陈功玉、王洁，2007；宋华、贾景姿，2014）；其目的在于降低企业生产及营运、国际流通等成本以及合理利用国内外资源、有效规避贸易壁垒（Feenstra，2003）。重要的是，在大多数服务业以及制成品工业等诸多领域，互惠式且相互依赖的全球供应链（模式）被证明是更有效率的（Stephens，2015）。然而全球供应链活动也有其复杂之处，即其所有要素均要进行无障碍的跨境流动（Hoekman，2015）。

（二）农产品特点及农产品供应链概念

成功进行农产品供应链建设和开发可以作为区域农业经济增长与农户脱贫致富的支点（Roekel et al.，2007）。农产品供应链是指为了满足消费者的需求和参与各方的期望，为实现农产品价值增值而将利益相关方链接在一起的复杂网链系统（孙开钊，2015）。农产品供应链对农户减贫增收的关联效应显著，而且对欠发达地区的作用优于发达地区（颜廷武等，2015）。事实上，农产品供应链和工业产品供应链等其他非农供应链有较大差别，关键在于它是基于农产品这一特殊产品形成的供应链。首先，农产品品种繁多，各品种的品质特性差异较大，进入消费市场的渠道呈现多样化的趋势（罗万纯，2013）。例如，果蔬类、禽畜（含蛋奶）类、水产类等可直接满足消费者需求的生鲜农产品（其中，果蔬、肉类和水产又被称为"生鲜三品"），可以直接进入农贸市场或大型超市，也可以精深加工后进入市场；而小麦、棉花等几类农产品，一般则先要通过加工环节，然后才进入流通市场。其次，一直以来，我国大多数农产品都是由分散的农户进行生产（种植、养殖）的，通常是农户"单枪匹马"去面对农资供应商和农产品加工商，双方实力与地位极不相称（李远东，2009；刘方媛、闫阳雨，2015），尤其是分散的农户组织化程度较低，使农产品难以实现真正的标准化生产，信息传递成本也较高（熊肖雷等，2015）。由于鲜活农产品具有易腐的特点，极易受到天气、虫害、市场等不确定因素的影响（王丽娟等，2008），因此在流通过程中必须采取一定的措施，才能保证农产品合乎质量要求进入消费渠道（罗必良，2008）。此外，由于农产品消费直接关乎人们的身体健康，农产品生产、流通等环节的质量与安全往往又受到消费者的密切关注（马少华、欧晓明，2014）。可见，作为生产资料和生活资料的重要来源，农产品具有季节性和周期性、品种繁多但仍多为小规模分散经营、生产标准化程度整体偏低、受自然环境条件的制约和影响较大、对流通条件和销售渠道要求高等诸多特性。

在农产品供应链概念上，国内外学者唐尼（Downey，1996）、利兹·霍尔和瑞安（Liz Hall and Ryan，1998）、伍兹（Woods，2004）、王宇波和马士华（2004）、刘秀玲和戴蓬军（2006）、陈小霖和冯俊文（2007）、杨向东等（2010）、张向阳等（2013）分别给出了其定义或解释了其含义。综合来看：①与一般工业产品供应链相比，农产品供应链在产品、主体、流通、链接等方面的特性更为鲜明，供应链上的农产品具有初级农产品、初加工农产品、精深加工农产品三种形态；②农产品供应链的成员主体除了核心企业和其他生产（加工）企业、流通商、贸易商、销售商（含批发商、零售商外），还有农户这一重要成员；③农产品供应链的流通过程对物流设施设备（如道路、冷链、可追溯）、时间以及农产品质量安全要求高；④农产品供应链是一个集农产品"生产—流通—销售"于一体、由涉农核心企业主导并由多个成员主体参与的完整功能性链式供需网络。其中：种植、养殖等生产环节受自然和农户自身条件影响较大，流通（加工）环节受农产品加工、物流设施设备等硬性条件影响较大，销售环节受农产品市场不确定性影响较大；农产品供应链（联盟）的目标是实现农产品供应链整体利益和节点企业利益的双赢，实现农业产业系统和农业生态系统的共同稳健发展，具体体现在价值的增值、成本的降低、效率的提高和生态效应的增大等方面。

本书结合农产品的特性，特别是借鉴供应链和农产品供应链的定义及内涵，进一步界定农产品供应链的概念：它是以农产品市场需求为导向、以农产品核心企业为依托，通过对（农）产品流、信息流、资金流的控制，从农产品的生产（种植、养殖）开始，到初级农产品集配甚至到农产品加工（含初加工、精深加工）成最终产品，最后由销售网络把该农产品送到终端消费者手中的，并将农户、加工企业、流通商、贸易商、销售商、直到终端消费者等连成整体的功能网链结构。需要说明的是：考虑到农产品供应链各主体的重要程度，本书未计入农资供应商这个环节，是一个相对狭义的农产品供应链。从某种意义上说，农产品供应链既是（农）产品链、信息链、资金链，也是环节链、主体链、利益链、区域链、协同链和监管链。

二　农产品供应链关系稳定性影响因素

农产品供应链关系稳定性的内涵及如何保持其关系稳定性是理论界和企业界共同关注的重要问题，许多学者在这方面展开了研究。从研究的侧重点来看，影响跨境农产品供应链关系稳定性的因素集中于承诺与信赖、联盟预期、关系资本、利益分享四个方面。

（一）供应链关系稳定性影响因素

供应链关系主要是指供应链范围内的各企业实体对象所存在的相互关系，它强调的是各节点企业间的相互作用和相互影响的状态（张翠华、杨佰强，2006）。通常情况下，衡量供应链各成员（节点）企业关系好坏的指标为供应链关系稳定性或供应链关系质量（Supply Chain Partnership Quality，SCPQ）。而所谓供应链关系质量就是供应链关系中的双方乃至各方参与一个积极的、长期的合作关系的程度，它通过沟通、信任、适应、承诺、相互依赖以及合作等指数来反映这个程度（Brian et al.，2005）。其中，相互依存和信赖是供应链关系稳定的首要动力（夏晓婷、David，2015）。良好的信任关系有助于减少供应链成员企业间谈判与摩擦的次数，有效提升个体成员间的合作质量和效率（鄢章华等，2010）。实质上，由于供应链成员企业的个体理性尤其是竞争性因素的客观存在，供应链合作伙伴关系是一种具有竞争性的复杂合作关系（刘昌贵、但斌，2010）。供应链内成员企业间保持适当强度的冲突能够确保供应链及成员企业的多方共赢，对于维持供应链的长期合作与关系稳定是有利的（赵圣斌等，2012）。然而，供应链关系稳定与否，直接影响着企业产品的质量、成本与市场竞争力（陈长彬等，2015）。国外学者认为，战略联盟关系受到内在合作冲突、文化差异、控制权结构、成员特征和外在环境等因素的影响（Yan and Zeng，1999）；同时战略联盟较高的合作不确定性导致联盟合作关系的不稳定，但是这种不确定性会随着合作的深入而降低（Das and Teng，1998）；
而整体协作水平、个体实力差异和收益分配机制又是影响供应链合
作稳定与否的重要因素（Maloni and Brown，2006）。此外，供应链
联盟合作的稳定不仅受到不同个体的合作目的和意愿的影响，还依
赖于相互合作的预期（Zeng and Chen，2003）。部分学者研究了供
应链中成员信任与关系稳定性，认为成员信息沟通、信任、风险收
益共享是保证联盟关系稳定和持续的关键（Cooper and Ellram，
1993）；测评维度主要有信任、沟通与协调、对对方活动的参与程
度三个方面（Chan et al.，2004）。此外，有学者还关注了供应链成
员的关系资本与关系稳定性的联系（Gulati et al.，2005）。根据前
人的研究成果，有学者设计了供应链联盟稳定性的影响因素系统，
主要有关系资本、关系承诺、供应商信任（Yang et al.，2008）。

　　国内学者指出，供应链关系长期稳定性评估系统的主要指标因
素有节点企业自身的供应能力（包括质量、成本、交货期）、稳定
合作的基础（包括公司信誉、信息化水平、文化兼容）、未来发展
的潜力（学习创新能力、环境保护水平、外部环境因素）（陈利民
等，2012）。其中，加工企业、农民和中介机构履行供应链契约、
实现关系稳定性的动机在于资产专用性投资大、利润分成机制创
新、对未来收益的良好预期和合约信誉的建立等（刘璐琳，2010）。
国内有学者分析指出，成员信任、合作满意率、关系网络等因素会
正向影响供应链关系稳定性（刘朝刚、马士华，2007）；渠道合作
收益、合作成本、合作收益与合作成本的比值、农户与企业的相对
收益与相对成本比值及各自贴现因子等因素也会对农产品供应渠道
关系的稳定性产生影响（赵晓飞、李崇光，2008）；关系资本、供
应商信任与关系稳定性存在着正相关关系，关系稳定性对联盟绩效
具有积极的影响（陈耀、生步兵，2009）；供应链内厂商通过长期
协商、协作的方式，可以达到稳定和有效率的合作关系（李广、赵
道致，2009）；供应链企业间能力信任和善意信任均可促进供应链
合作稳定性（姜骞，2016）。事实上，我国农产品供应链不够完善，

且信任度不高，而实现农产品供应链合作甚至协同，就必须建立信任机制（殷继勇，2012）。还有学者比较了公平感知和效率感知对供应链合作关系稳定性的不同影响（杜玉申等，2012），以及给出了基于"结构—关系"的供应链合作稳定性分析框架（李京文、何喜军，2014）。胡宪武和滕春贤（2010）提出，在非完全信息条件下，核心企业可以根据供应链成员企业隐性努力状况和市场风险情境的不同，建立调整相应的激励机制和利益分享机制，以增强整"链"的稳定性。张秀芳（2017）认为，企业的客户导向和技术与管理对供应链合作伙伴关系的稳定产生影响，且企业的技术与管理能力越强，越有利于与客户形成和维系长期稳定的合作关系。许杰峰和雷星晖（2016）以建筑供应链为例，强调只有各节点企业认为参与供应链合作可以获得满意的回报，才能真正促成稳健、高效的供应链合作伙伴关系；杨洪涛等（2011）则以创业供应链为例，指出"关系"文化会对成员关系稳定性产生影响。需要注意的是，供应链关系的改进可以促进关系绩效的改善，然而超过临界点，即关系过于紧密，对其关系绩效则会呈现负面影响（成栋、孙莹璐，2017）。

（二）农产品供应链关系稳定性影响因素

农产品供应链作为一类特殊的供应链形式，是各个环节参与者之间在农产品生产过程（原料供给、生产加工、产品运输流通、最终销售等环节）中的一种纵向和横向一体化战略联盟的关系（Johnson et al.，2012）。张晟义（2004）指出，涉农供应链的内生不稳定性主要来自涉农链中不确定源的多样性和涉农供应链组织基础的现实困境等多个方面。农产品供应链主体由于缺乏契约意识而导致合作关系不稳定的情况时有发生，主要在于各主体对契约的需求程度不一致、契约的激励与约束机制不健全（刘东英，2015）。当前，提高农产品供应链的竞争力，关键是在农产品供应链各节点之间建立起双赢的合作伙伴关系（肖为群、魏国辰，2010）。构建长期、稳定的食品供应链合作关系也是防范和治理食品质量与安全问题的有效手段（陈瑞义等，2013）。农产品供应链具有特殊性，通过其内部成员之间合同、合资或联合等方式，并对链条进行内部整合和战略协调，可以有效提高整体运作效率和稳定程度（Boehlje，1996）。国外有学者提出，农产品供应链关系协调活动包括完全的整合体系（所有权整合）及各种契约协议，所有的协调活动旨在促进供应链上参与者之间的关系稳定（Kliebenstein and Lawrence，1995）。就农产品供应链纵向协调而言，作为一种组织创新，纵向协作包括使从生产到市场营销各纵向环节能稳定运行的所有方式，它可以通过市场价格体系、合同制、纵向一体化等方式中的一种或几种来完成（Mighell and Jones，1963）。

　　国内学者提出，合作效率、合作不确定性、合作能力、合作条件、合作协作水平等是影响农产品供应链合作稳定性的关键指标（陆贝，2009）；同时，利益分配（于红莉、卢文思，2011）、信任机制（陆杉，2012）也对其供应链关系稳定和整体绩效产生重要影响，其中农产品供应链利润分配是否公平与合理，是农产品供应链成员间能否形成稳定、长久合作关系的关键（郭丽华、张明玉，2006），即利益是农产品供应链之间合作的根本，农户和链上企业之间的利益协调是提高农业产业化水平和提高农产品流通效率的关键（龚梦、祁春节，2012）。还有学者认为，我国农产品供应链的现行模式存在着一些先天的不稳定性因素，其中最根本的约束在于农产品供应链信息流的阻断而造成信息不对称（李晓宇、王颖，2014）。此外，"企农"共生关系作为农产品供应链中重要和特殊的一对关系，其形成过程是由"链"上许多共生关系稳定均衡点组成，"供给—需求"不匹配是困扰当前"企农"共生关系进化的根本原因（庞燕，2016）。对于农户来说，一方面，其规模越大，（农户和所在供应链）相互投入的专用性资产也就越高，双方关系稳定性愈加稳固和长久（胡凯、甘筱青，2013）；另一方面，增强"链"上农户的信任对于提高整个农产品供应链的合作效率有着积极而重要的作用（陈冬冬，2010）。同时，作为农产品供应链的重要一环，订单农业违约率高、稳定性差也是普遍存在的现实问题（姚文、祁春节，2017）。其中"公司＋农户"型订单农业供应链，保持关系稳定状态的交易成本和收益共享契约参数是具有一定取值区间的（冯春等，2017）。而在合作社"农超对接"关系稳定性影响因素中，有实证研究结果表明：超市对农产品的要求、政府政策实施效果、合作社能力以及区域经济水平是影响合作社"农超对接"供应链关系稳定性的显著因素（郭锦墉、徐磊，2017）。

所以，从供应链和农产品供应链关系稳定性文献分析可以看出，农产品供应链关系稳定性的影响因素主要涉及承诺与信赖、联盟预期、关系资本与利益分享等方面。此外，有关学者还就供应链（农产品供应链）整体及关系稳定性的定量研究方法进行了探索性应用，如现值法（研究供应链关系稳定性之利益分配）（曾荣浩、杜跃平，2006）、模糊评价法（研究供应链稳定性评价）（李艺等，2009）、层次分析法（AHP，研究供应链稳定性评价）（乔志强等，2011）、沙普利值（Shapley – value）法（研究农产品供应链关系稳定性之利益分配）（张学龙，2014）以及结构方程模型（SEM，研究农产品供应链关系稳定性）（刘琦，2014）等。

三 农产品供应链（联盟）的绩效评价

目前，有关农产品供应链（联盟）绩效评价的学术研究较为活跃，绩效评价研究主要从财务绩效、运营绩效与绿色绩效三个不同维度展开。

（一）供应链（联盟）的绩效评价测度

供应链（联盟）绩效问题的研究是伴随供应链管理实践的深入而逐步展开的。核心企业为了在市场竞争中保持相对有利的地位并获得长期竞争优势，须建立健全稳健的供应链（联盟）系统，而探索科学有效的供应链绩效评价体系，为相关行业企业提供决策依据和实操指南，成为供应链优化运作与管理的前提和关键（于晓虹、冯国珍，2016）。然而供应链组成成分的多样性、结构流程的复杂性和运行实践的动态性决定了其绩效评价体系建设是一个异常复杂的过程（李儒晶，2012）。其中，供应链绩效指标主要集中体现在供应（供应的可靠性、提前期）、过程管理（供应过程的可靠性、供应所需时间和计划完成状况）、交货运送（有无很好的订单完成率、补充提前期和运输天数）及需求管理（供应链总库存成本是多少、总周转时间是多久）四个方面（Lummus et al.，1998）。国外学者建构了包括时间、成本、质量、支持性标准四个一级指标及其相应二级指标的供应链绩效评价体系（Coyle et al.，2002）。为了避免传统绩效评价问题，还有学者提出了 ROF（Resources，Output，Flexibility）体系，即从资源、产出、柔性等方面构建供应链绩效评价指标，该指标不仅包括了定性指标，还包括了定量指标（基于顾客响应的指标及基于成本的指标）（Beamon，1998）。研究供应链的权威机构 PRTM 及其咨询公司设计出的供应链运作参考模型（Supply Chain Operation Reference Model，SCOR），通过采购、计划、生产、发运和回流五个严格的管控过程，并由此提供涵盖整个供应链系统的绩效评价指标，该模型是当前影响力最大、适用面最广的供应链参考模型（Stephens，2001）。

　　国内学者代表性观点有：对于整个供应链业务流程绩效的评价，表现为七个评价指标，即产销率指标、产需率指标、平均产销绝对偏差指标、供应链总体运营成本指标、供应链产品出产/投产循环指标、供应链核心产品成本指标、供应链产品质量指标（徐贤浩等，2000）；从内部绩效、外部绩效及供应链综合绩效三点出发，考虑供应链绩效评价指标，则表现为客户服务、资产管理、生产与质量和成本四个方面（马士华等，2002）；把整个供应链的绩效指标划分为三个层次，即战略层绩效指标、战术层绩效指标和运作层绩效指标（张天平、蒋景海，2010）；从战略管理的角度，可以选取客户绩效（包括客户份额、客户满意度、柔性认同度）、社会绩效（包括环境友好性、社会形象）、财务绩效（包括经营成本、学习投资、利润增长率）、学习绩效（包括信息化水平、供应链柔性、产品的革新能力）等维度指标建构供应链绩效评价模型（刘超，

2010)，划分为结果层、运作层和支持层，其中，结果层涵盖顾客服务水平、财务情况，运作层涵盖价值、产能、时间、环保四个角度，支持层涵盖信息共享程度、创新与学习、稳定与活力（葛安华等，2014)。融入电子商务环境，通过顾客满意度、供应链节点企业满意度、供应链业务流程评价、供应链经济效益评价以及供应链创新与发展能力评价可以反映电商供应链（组织）绩效（许仲彦、孙锐，2004)；通过结合业务流程、客户满意度、财务情况以及创新与学习能力等方面内容可以构建电商环境下供应链战略联盟的绩效评价指标（于巧娥，2016)；以及通过消费者满意度、业务流程、财务状况、创新学习能力等测度可以综合刻画国贸和电商双重环境下供应链战略联盟的绩效（石倍嘉，2015)。此外，还有学者关注了供应链协同绩效问题。如张英华和彭建强（2016）认为，供应链协同绩效指标可由信息协同、业务协同、财务指标、客户服务、协同抵御风险能力等构成。

（二）农产品供应链（联盟）的绩效评价测度

农产品供应链（联盟）的绩效评价研究以实证为主。国外有学者通过实例研究，从吞吐能力和空间利用率两个方面评估了当前英国生鲜农产品配送中心的运行绩效，并认为这种评价有利于可持续发展和降低成本（Manikas and Manos，2009)；还有学者以荷兰猪肉供应链为研究对象，基于可持续发展理论构建了猪肉供应链并设计了绩效评价测度，包括合作绩效、环境绩效等（Roep，2007)。

国内学者研究的涉农供应链（联盟）绩效评价测度主要有供应链运营总成本、供应链效能、供应链信息处理能力和供应链柔性（研究对象是以农产品加工企业为核心的供应链）（余滢，2009)；成本、运作、服务（包括供应链成本、产品柔性、响应速度、交货柔性、顾客抱怨解决时间、信息化利用增长率、农产品新鲜度等26项具体指标）（董伟，2010)；服务质量、运作状况、财务状况、信息传递、品质管理（研究对象为连锁超市农产品供应链）（高倩倩，2011)；顾客维度、财务维度、物流维度、产品维度及信息维度

（包括顾客对问题处理满意度、顾客投诉率、老顾客保持率等 20 项具体指标，研究对象为连锁超市农产品供应链）（孙晓梅，2012）；合作社绩效、超市绩效（包括财务特征、顾客满意、基础设施、物流情况、运行机制、学习与成长，研究对象为蔬菜"农超对接"供应链）（殷慧慧等，2015）；经济绩效、社会绩效和环境绩效（研究对象为猪肉绿色供应链）（白世贞、郭秋霞，2016）；投入指标（包括乳品供应链平均从业人员数量、总资产）、产出指标（包括乳品供应链利润总额、总产值）（王丽娟等，2017）；供应链节点企业绩效水平、供应链合作绩效水平、供应链运作水平和供应链绿色水平（王勇、邓旭东，2015）；财务绩效、生产服务绩效、供应商运营绩效（房丽娜、郭静，2015）；以及将其农产品供应链绩效分为内、外部绩效（包括安全性、服务集成度、交货及时性及信息共享性、利润增长率等 27 项具体指标）（宋巧娜，2012）等。细分到效率层面，有学者以乳品供应链为例，认为其效率可用生产效率、经济效率、物流效率和质量安全效率等几个指标描述（刘俊华、李燕霞，2014）。此外，还有学者关注了影响农产品供应链（联盟）绩效的关键指标要素，如响应性、农产品质量、柔性及企业效率等（王飞，2016）。更为重要的是，"一带一路"倡议下中国与东盟物流企业开展联盟合作已成为一种趋势，但整体的合作绩效还处于较低水平，究其原因则主要在于其跨国战略联盟绩效评价的内容不够全面、绩效提升的策略不够明确（白龙飞，2017）。

因此，从供应链与农产品供应链（联盟）绩效文献分析可以看出，其绩效的评价测度主要涉及财务绩效、运营绩效和绿色绩效等方面。除此之外，国内外学者还提出并成功应用了一些绩效评价方法，包括标杆法（初颖等，2004）、KPI（关键绩效指标）（桂良军，2007）、ANP（网络层次分析法）（刘伟华等，2011）、EVA（经济增加值法）和平衡计分卡（郑品石、袁天赐，2012）、DEA（数据包络分析法）（林乐碳，2010；王丽娟等，2017）、SEM（结构方程模型）（朱毅华、王凯，2004；王周火，2013；戴君等，

2015）等科学有效的定量方法进行供应链或农产品供应链（联盟）的绩效评价。

四 农产品供应链的优化

前面主要介绍了农产品供应链关系稳定性和联盟绩效的研究现状和动态，下面对农产品供应链的优化理论和维度管理进行文献回顾和梳理。

（一）供应链的优化维度

从供应链管理的角度来看，如果整个供应链的总体利润水平尚未达到供应链集成时的利润目标，那么这个供应链是低效的，须加以持续改进和不断优化（常良峰、卢震，2002；于春云等，2013）。从流通经济学的观点来看，围绕消费者需求进行供应链特别是其流通渠道的整体优化，是供应链可持续发展的首要条件（陈清华，2013）；同时，ERP（企业资源计划）、BPR（业务流程重组）、CRM（客户关系管理）、LTS（物流配送系统）及电商平台等的变革与应用，也使得供应链可以更加普遍地进行自身优化，以适应复杂和竞争激烈的国内外市场环境（刘德、鞠颂东，2008）。一般而言，供应链流程优化的过程即为采取有效管理方法对供应链流程网络中的基本流程及其结构要素进行重构的过程，其起点是供应链流程基本架构的识别，目标点是整个供应链运作的更加协调和高效（谭玲玲，2006）。苏菊宁等（2011）以建筑供应链优化为例，阐明具有奖惩结构的供应链工期协调方法可以使项目工期优化的同时，还能使建筑供应链实现帕累托优化。张武（2012）以供应链核心业务流程为基准，设计出以图上作业法为核心的、较为具体和实用的供应链业务流程优化路径。此外，张相斌和林萍（2015）还利用逆优化方法建立了以运营成本最低化为终极目标、以"链"上业务过程能力为约束（条件）的多级供应链优化模型。

（二）农产品供应链的优化维度

我国现行农产品供应链存在着环节多、效率低、资源浪费及整体水平不高等问题，优化农产品供应链成为一个现实课题（郑光财，2011；姜长云、洪群联，2013）。尤其是在"逆全球化"背景下，我国农产品外贸产业供应链面临极大挑战，需要对整条供应链进行重新配置、整合优化，才能实现利益的最大化（杜宇迪，2018）；同时，对于因人员流动、信息传递、采购、经济周期、法律政策等因素导致的生鲜农产品供应链动态不确定性风险管控，成为企业关注的核心问题之一（张得银、王铃铃，2017）。农产品供应链作为一个客观存在的系统，供应链上的每一个节点发生变化都会带动其他的环节发生连锁反应，抓住核心企业、控制住源头是理顺甚至优化这条"链"的关键（刘俐、张宇峰，2007）。然而，农产品供应链的结构是复杂的网状结构，除消费主体、生产主体外还包括了众多中介环节，而减少农产品供应链的结构层次并建立动态合作关系，是涉农企业降低成本、提高运营效果的重要途径（孙炜等，2004）。更重要的是，生鲜农产品产供销一体化供应链系统内部还有一个自组织化过程（谢如鹤、邱祝强，2010）。从供应链结构角度看，我国生鲜农产品供应链存在供应链体系不完善、效率低下、质量安全等问题，亟待以消费者、社会、供应链三方受益为原则，从供给源头、供应链节点、供给终端构建扁平化生鲜农产品供应链（贾强法，2017）。黄丽娟和黄小军（2015）分析指出，当前农产品供应链普遍存在着供应链结构单一、契约约束较弱、农产品价值损耗大、牛鞭效应严重和供应链风险管控不到位等问题，建议从供应链拓扑结构构建、物流模式选择、平台功能规划等方面入手优化农产品供应链。林杰和戴秀英（2018）以吉林省农产品加工企业供应链为例，认为其主要存在供应商主体分散多元化、核心加工企业实力弱小、物流发展相对滞后、农产品加工环节技术薄弱和信息不对称等突出问题，并提出应发挥核心企业的辐射带动功能、采用多种先进管理手段提高各节点的运行效率、推进农产品加工企业直销直供体系建立、建立供应链管理信息系统等优化方案。张虹（2012）则从战略（包括仓储、运输、库存控制、客户服务和信息管理等）、策略（包括选址、租赁谈判、设备配置、成本控制、IT系统实施等）、运作（指设备和人力等资源管理与使用的每日计划、每周计划、每月计划）和应急（即应急层面的供应链与物流计划）四个层面提出农产品供应链优化构想。杨彩虹（2013）认为，通过供应链管理技术和方法，由粮食加工企业整合生产者（主要是农户）、中间商、仓储企业、贸易商等，形成利益分享的一体化供应链，可以促进粮食生产、加工、销售各环节之间的信息传递和价值增值。吴彦艳（2018）从价值链视角提出，农产品供应链集成优化可以从深度层面（加强农产品供应链重点环节集聚）、广度层面（加强农产品供应链信息共享）等多层面协同进行。而引入第三方物流，也可以不同程度地优化生鲜农产品供应链结构和流程等维度系统（易俊松等，2017）。

有学者还以蔬菜为例，认为蔬菜供应链结构本身对于其基础组织来讲存在着一定的风险，这种风险可能来自蔬菜供应链的运作过程、管理水平甚至技术层面（Kramer，2005）；蔬菜供应链结构优化应该向资源整合、信息共享、技术互补等方向发展（杨为民，2006）。同时，从蔬菜生产源头引入工商资本，建立股份合作制的农企合作产销系统，重塑蔬菜供应链流程，提高蔬菜生产、流通、销售的组织化，统筹农户、企业、经销商、零售商等各方利益，建立稳固的供应链利益联结机制，是解决蔬菜市场困境的可靠出路（王腾飞等，2013）。就果蔬供应链实践来看，仍然存在诸多结构性困境：生产主体和经营主体组织化程度比较低、批发市场服务及功能存在不足、物流信息化体系不健全、冷链物流体系尚未建立、果蔬品质和安全性较低等（王东波，2017）。进一步的问题是，为了有效保障蔬菜等农产品供应链结构和流程的顺畅运行，还需要构建诸如沟通机制、约束机制和利益分配机制等内部协调机制，以保证供应链各节点之间实现利益共享、风险共担（叶军等，2015）。

但是，同样值得关注的问题是，电子商务、"互联网＋"、区块链等对农产品供应链结构和流程的变革影响。依托信息技术（如电商平台）可实现农产品供应链流程优化、联盟（系统）集成以及成员（企业）间资源和信息共享等（易法敏、夏炯，2007）。集成优化各地区、各企业、各环节的"线上线下"供应链流程，是"互联网＋"时代O2O型农产品供应链流程优化的关键（刘助忠、龚荷英，2015）。唯有进一步发展涉农电商，优化涉农电商供应链管理、业务和财务三大系统（蒋咏絮，2016），构筑农产品加工企业供应链战略联盟，方能有效促进我国农产品供应链体系的重构与优化（蒋倩，2016）。而越来越多的物流与供应链领域的专家、学者甚至认为，包括农产品供应链在内的传统供应链中存在着一个需要解决的问题，即供应链中多参与者之间的交易效率低、成本高、易受攻击（不安全），采用区块链技术或许是一个较好的优化（整合）方案。

诚然，在信息化和涉农组织变革等多重背景下，农产品供应链的优化具有一定的差异性、限度性、侧重性和阶段性，要因时、因地优化且"始终在路上"。更重要的是，农产品供应链优化的前提依据是供应链水平有提高的空间和可能，且其供应链优化的主要着力点为结构和流程，而如何通过农产品供应链水平（如关系稳定性、联盟绩效）的研判结果进行相应结构与流程等的调整优化，尚未给出清晰的逻辑性、针对性、实操性解决方案。

五　跨境农产品的产销对接

事实上，产销对接的目标在于稳定农产品生产者的销售渠道和销售者的供货渠道，作用在于稳定农产品市场供应和农产品价格，使"链"条成员共赢（赵春燕，2016）。近年来，随着我国外向型农业经济转型升级和中国—东盟农业互联互通的深入发展，跨境农产品贸易、跨境农产品电商、跨境农产品物流等产销对接领域引起了许多学者进行专门的研究，并认为跨境农产品贸易、电商、物流的整合、协调、优化是发展的趋势，但从问题本质来看，这些可以归为跨境农产品供应链（联盟）的问题。

（一）跨境农产品贸易

跨境农产品贸易是一个古老而年轻的话题。随着国际贸易和经济的快速发展，"入世"以来我国跨境农产品贸易在规模、结构、流向以及地位等方面都发生了很大变化。"一带一路"倡议的提出，为我国跨境农产品流通贸易提供了新的发展机遇，有助于扩大优势特色农产品出口规模，有助于外向型农业供给侧结构性改革（吴莉婧、谢淑华，2016）。随着中国—东盟自由贸易区（CAFTA）的启动建设，中国对东盟的农产品进出口数量大幅增加、自贸区各国间农产品进出口呈现普遍性增长，贸易创造效应进一步凸显（周曙东等，2006）。有实证研究表明：中国—东盟跨境农产品产业内贸易发展呈现先降后增态势，并且呈现出明显的垂直型产业内贸易特征；从产品类别来看，产业内贸易主要集中于食品及活动物类产品贸易；从国别来看，越南、新加坡、菲律宾和泰国与中国的农产品产业内贸易程度较高（王纪元、肖海峰，2018）。庄丽娟和郑旭芸（2016）的实证研究则表明：经济规模、人口数量和双边直线距离等现实因素对中国—东盟双边热带水果出口贸易流量的影响显著，热带水果区域内市场贸易潜力巨大（预计 2015—2017 年中国—东盟双边热带水果贸易额将保持每年 6 亿美元以上的递增）。在中国—东盟农业互联互通进程中，跨境贸易直接用于消费的农产品占中国农产品出口的比重最大、园艺产品也表现出很强的发展和出口潜力（周英豪，2007）。2004—2013 年，中国出口东盟的农产品目的地较分散，且多是劳动密集型产品，而进口的主要为土地密集型农产品，中国农产品总体上比较优势并不显著（郑晶等，2015）。而从海峡两岸水产品对东盟市场出口情况来看，两岸水产品对东盟市场出口增长受到国际市场贸易政策变化的影响，且东盟市场需求增长是两岸对东盟市场出口增长的主要原因（郑思宁等，2017）。特别说明的是，除出口市场的市场性、技术性和绿色低碳等贸易壁垒增多外，中国农产品生产的科技含量不高、生产效率低下、物流配送落后及市场信息掌握不充分等原因造成的出口成本高昂是主要原因（陈祖武、杨江帆，2017）。孙大岩和孔繁利（2015）通过对中国—东盟跨境农产品贸易趋势和面临的挑战进行分析，提出要调整跨境农产品出口贸易结构、完善跨境农产品物流体系、加大科技投入以及合理利用关税和非关税壁垒等政策措施。郑国富（2017）认为，"一带一路"倡议下，基于中国与东盟在资源禀赋、经济水平、产业格局、产品结构、消费层次等互补优势，发挥政府与市场作用，构建区域性农产品贸易合作新体系是可行的。

就广西来说，有学者认为广西与东盟农产品贸易存在典型的竞争与互补共存关系（张建中，2009）。其中：农产品优势系数对广西农产品出口东盟的贸易额影响显著（戴俊等，2014）；广西与东盟大多数国家相比，在丝绸、药材等传统农产品出口上优势明显，但是果蔬等大宗农产品大多受到来自东盟的挑战（张玉娥等，2016）。2010年中国—东盟自由贸易区（CAFTA）正式建成以来，广西与东盟农产品贸易额不断攀升，出口额也在增加，但总是在波动中，究其原因，主要在于广西农产品相似度高、农产品生产效率低、附加值不高、流通储运不畅、农户和企业营销意识不强等现实制约因素（黄一钰等，2014），特别是在广西特色经济农产品贸易供应链中，普遍存在生产基础薄弱、产品的精深加工能力不足、储运方式现代化水平低、固定营销渠道短缺、利益联结机制欠佳等问题（杨向东等，2010）。2012年3月，出席"中国现代物流与供应链管理高级研修班"的专家、学者还建议，在中国与东盟双边农产品特别是水果贸易领域，广西应做中国—东盟物流供应链整合（即整合订单信息、水果采摘、物流、供货等整条供应链），建设东南亚水果全国物流与采购中心。

（二）跨境农产品电商

随着跨境电商进军农产品领域，跨境农产品电商行业特点、影响因素及运营模式研究成为国内学者关注的焦点之一。从全国来看，发展不平衡、物流体系不健全、产品质量安全隐患较多、售后服务跟不上、信息安全和信用体系建设不完善等问题一直困扰着我国跨境农产品电商发展（吴俊红，2017）。崔艳红（2015）指出，当前我国跨境农产品流通贸易成本呈上升趋势，在采购、仓储存放管理、物流流通和加工后的农产品配送等环节问题突出，亟待跨境电商（平台）进一步发挥作用。在运营实践中，跨境电商农产品还往往受到质量安全因素的影响，主要有冷运占比、通关流程、物流商选择、仓管软件、法律标准更新率和质量认证等（原征、张宝明，2015）。作为一种新兴业态，跨境农产品电商的主流模式有：一般销售模式（主要包括 F 2C、F 2B、F 2I2C 三种具体形式，其中，F 2C 主要功能是直接交易，即农商或个体农户直接向客户提供农产品，F 2B 主要服务对象是大型企业间的农产品交易，F 2I2C 主要服务对象是需求较小的消费者和个体农户）；供应模式（主要由 B2C 模式承担，主要服务对象是大型农产品供应商或规模巨大、资金雄厚的农产品企业）；流通过程模式（主要由 F 2G2 模式承担，主要服务对象是小型农产品市场和个体农户）等（孙洁晶等，2016）。有学者将跨境农产品电商的几种模式则划分为 F 2C 模式、F2B 模式、F 2I2C 模式以及 F2G2B2C 模式四种（沈丹阳等，2015）。丁珏（2017）认为，浙江农产品跨境电商的主流模式有 B2C 模式（即农业龙头企业或大型农产品供应商利用第三方跨境电商平台开设网店，或自建平台进行跨境交易，如金字火腿公司、森宇控股集团公司等）、F 2C 模式（即农户或个体农商依托当地农产品优势和产业集聚度，利用第三方平台开设网店进行跨境电商销售，比较典型的就是临安市的山核桃及其他坚果产业）、F 2I2C 模式（即农户依托当地网店协会或中介开展农产品跨境电商活动，网店协会或中介通过向上和向下整合农产品资源，实现农产品集约化营销和分销，如浙江遂昌网店协会）、B2I2C 模式（即传统农产品企业委托第三方运营商代理其农产品的跨境电子商务业务，通过跨境电商外包服务，实现双赢）等。

目前，中国—东盟跨境农产品电商仍然存在模式不明确、质量标准化难和供应链物流体系不健全等问题，大大制约了中国与东盟农产品跨境电商贸易额的快速增长（周叮波，2018）。为此，刘远震（2014）运用成本交易理论建构了中国—东盟跨境农产品电商新模式：F2B2B2C模式，即中国的农户或农民专业合作社（F）通过中国的B2B电商平台将农产品销售给中国农产品流通企业（B1）；中国农产品流通企业（B1）再通过阿里巴巴、环球资源网等国际电商平台销售给东盟国家的农产品流通企业（B2）；东盟国家的农产品流通企业（B2）通过本土B2C平台将农产品销售给当地终端消费者（C）。张毅（2016）则以西部跨境农产品电商为例，提出了三个方面的改进策略，即完善物流模式、强化支付监管、完善信用体系。还有学者认为，广西拥有地缘、物流、人文和技术等众多显著优势，通过建平台、扩市场、促贸易、拉加工的"高端嵌入"，可以适时建构大型、综合化"中国—东盟农作物电商平台"（朱懿、张林，2015）。

（三）跨境农产品物流

目前，一方面贸易增长正在拉动中国与东盟的跨境农产品物流深入发展；另一方面相对中国长三角、珠三角和新加坡，作为贸易区主战场的中国西南地区和东盟国家接壤区域内物流基础设施仍较为落后，对跨境农产品流通贸易又形成反向阻碍（肖绍萍，2011）。尤其是跨境生鲜（食品）物流一直存在着全程冷链运输、二次包装/二次加工、冷鲜/冰鲜仓储、最后一公里派送、保险/售后服务五大痛点问题（冯芳，2016）。有学者进一步指出，中国—东盟跨境农产品物流存在着基础设施落后、物流技术及标准化水平较低、缺乏公共的物流信息系统平台等问题（杜凤蕊，2013）。况且，优先发展现代农产品物流，对于具有特殊区位优势和丰富热带、亚热带农业资源的广西、云南等省区及东盟交界各国具有极其重要的战略意义（黄军，2006）。对于云南省，有学者总结了农产品物流范围较大、环节多及其对外性等云南对东盟（越南）农产品物流的特点，并提出加快农产品物流产业化、标准化建设及加强供应链信息交流和共享的政策建议（曾秋梅等，2015）。曹志强等（2017）通过构建跨境农产品物流发展的 SWOT—PEST 矩阵分析模型，得出中越跨境农产品物流主要发展策略应集中在优势政策（SP）和机遇技术（OT）上。对于广西，有学者分析了广西—东盟跨境农产品物流体系乃至广西北部湾中国—东盟茶叶物流中心建设的基础和可行性（王景敏、李壮阔，2013；王景敏，2018），提出加快广西—东盟互联互通立体化交通运输体系、冷藏（运）设施、流通加工基地以及信息化建设等政策建议（冯雪萍，2013）。需要注意的是：为了提高优势特色农产品在东盟市场的竞争力，广西应在发展生态农业的基础上，着力建设和推广面向东盟的农产品绿色物流系统，并完善相关基础设备设施和技术标准体系（李万青，2010）。《广西"互联网＋"高效物流实施方案》（2016）指出，大力发展涉农电子商务物流，构建面向东盟的区域性供应链中心并打造与商贸、金融等高度融合的智慧物流产业链。

农业在中国与东盟对外贸易中占据着非常重要的地位，由于土地资源缺乏、劳动力成本上升和人民币汇率升值压力等不利因素的影响，中国对东盟农业经贸合作长期存在贸易逆差、附加值不高等问题，中国—东盟农业经贸合作迫切需要转型升级（张鑫，2017）。除上述外，国内学者还关注了跨境农业产业链、跨境农业经济一体化合作以及农产品贸易、电商和物流的供应链价值依赖问题。一方面是跨境农业产业链、跨境农业经济一体化合作：郑素芳和傅国华（2011）通过整合资源、产品、生产、市场等过程和要素，设计出"海南—东盟热带农业空间产业链"（即东盟农业生产基地＋海南农产品加工与物流配送＋中国市场和非热带地区的市场＋实现产业链整链效益）发展模式；张鑫（2016）在揭示中越跨境农业合作"短板"问题的基础上，建议从跨境农业区域一体化、跨境农业互联互通基础设施（设备）、跨境农业合作平台及其协调机制等方面系统推进中越跨境农业区域经济合作转型升级。另一方面是农产品贸易、电商、物流的供应链价值依赖：热比亚·吐尔逊和宋华（2015）的实证研究表明，供应链安全管理措施的实施有效促进了我国西部农产品（食品）企业的国内和国际销售贸易额；从生态系统的角度分析，农产品电商具有多元共生、协同共进、开放互动和动态演化等属性，并面临外部环境、内部结构（信息传递、供应链优化和价值增值功能尚未充分发挥）等双重挑战和问题（王胜、丁忠兵，2015）；运用供应链一体化思维对农产品物流进行整合已是刻不容缓，无论在生产、流通还是消费层面均可大幅度提高流通质量和效率，实现农产品价值增值（黄桂红、饶志伟，2011）。此外，丝绸之路经济带农产品供应链一体化模式还可以概括为"核心企业＋集成物流"模式（李武强等，2017）。

实践证明：作为跨境农产品产销对接的三个行业，跨境农产品贸易、电商、物流也并非孤立地存在，而是相辅相成甚至是"跨界"融合的。首先，从服务或交易内容来看，跨境电商（平台）是一种基于电子信息技术平台的新型贸易中间商（陶涛、郭宇宸，2016）。其次，作为外贸方式之一，跨境电商有利于降低跨境贸易成本、提高跨境流通效率、拓展对外贸易渠道（郑欢，2016）。最后，跨境电商与跨境物流协同机理则主要体现在，基于物种视角的协同、基于环境视角的协同、基于供应链视角的协同以及基于地理空间视角的协同四个层面（张夏恒、郭海玲，2016）。具体到跨境农产品领域，现代物流发展对于我国农产品外贸具有重要意义，突出表现在现代物流发展对于我国农产品进入国际市场、实现农产品对外贸易信息共享、合理规划农产品对外贸易运输方式及各种资源、保障农产品品质和提高农产品国际竞争力等方面的重要作用（顾佳佳，2012）。建设农产品外贸供应链物流体系，可以减少跨境农产品物流环节的浪费现象，降低跨境农产品物流成本（庞燕、王忠伟，2011）。丁珏（2016）则认为，基于跨境电商发展农产品贸易的制约因素，主要包括出入境流程冗杂特别是（冷链）物流跟不上、跨境电商农产品质量参差不齐（质量认证不健全）、信息安全和信用体系建设薄弱、农产品跨境电商复合型人才缺乏以及税收征管、退税问题等。

综合分析贸易、电商、物流等跨境农产品产销对接方面的文献，可以得出：跨境农产品贸易是目的、跨境农产品电商是（促发）工具、跨境农产品物流是过程和途径。在新时期"互联网＋跨境农业"背景下，自身价值的提升是跨境农产品"贸易"、跨境农产品"电商"、跨境农产品"物流"进行前（后）向一体化的内在动因；除此之外，三个行业之间的互相掣肘也是导致它们进行相互"跨界"融合的重要因素。在跨境农业电商竞争力方面形成几个普遍的共识：①得供应链者得天下；②全球贸易供应链（又称全球网络供应链）的形成是国际贸易专业化分工和交易费用博弈共同作用的结果；③实现跨境物流过程的同步化还依赖于跨境供应链成员企业之间建立有效的流通标准、稳定的合作机制以及动态的资源调控机制。因此，从系统的角度看，跨境农产品贸易、跨境农产品电商、跨境农产品物流的实现均交集并在一定程度上依赖于稳健的跨境农产品供应链（联盟）体系（见图2-2）。而目前关于跨境农产品供应链的研究尚不多见。

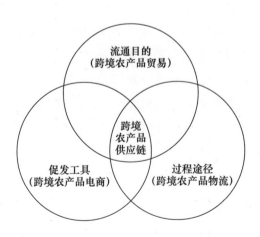

图2-2　跨境农产品贸易、电商、物流的跨界融合与价值依赖

第三节　小结与评析

由于本书相关的研究涉及供应链管理理论、流通产业组织理论，以及涉农供应链关系稳定性、联盟绩效、供应链优化等范畴，因此，在研究开展以前，应先对这些相关领域的理论内容、研究进展和趋势进行梳理和总结。通过对跨境农产品供应链相关研究文献的分析，认为基于关系稳定性和联盟绩效的研判，实现跨境农产品供应链优化发展是重要的研究趋势，这也是本书的主要研究内容。

一　关于理论基础

跨境农产品供应链是中国—东盟农产品流通产业发展的基石，那么分析跨境农产品供应链这一新兴业态的理论依据有哪些呢？本书从供应链管理和流通产业组织的理论高度及深度进行了解码。其中：供应链管理思想的理论诠释体现在"链"上节点企业交易费用（成本）、节点企业资源互补性、节点企业委托—代理关系和节点企业业务流程重组等层面；流通产业组织思想的理论诠释体现在流通组织"结构—行为—绩效"和流通组织网络（化）等层面。为厘清跨境农产品供应链的来龙去脉、主旨意涵（主要依据供应链管理理论）以及逻辑思路、策略体系（主要依据流通产业组织理论）打下了坚实的理论基础。

二　关于文献综述

通过对农产品供应链相关概念及其关系稳定性、联盟绩效以及供应链优化和跨境农产品产销对接等方面的研究进展进行综述，可以看出：

首先，在农产品供应链关系稳定性和联盟绩效研究领域，总体上以传统的农产品供应链（包括国内某一区域型、某一品类或品种型）作为研究对象，许多学者从不同角度探讨了传统农产品供应链关系稳定性和（联盟）绩效的影响因素，并加以评估。这些研究的视域可以归纳为"传统稳定性"和"传统绩效"。东盟国家作为我国供应链下游的重要销售市场（李剑等，2016），在跨境经济合作（雷小华，2013）、跨境农产品产销对接（张瑞东，2014）、中国—东盟农业互联互通（曹云华、胡爱清，2015）、全球供应链（丁俊发，2017）成为发展新热点和跨境农产品贸易、电商、物流"跨界"融合的今天，跨境农产品供应链研究新视域也应顺势开启。

其次，农产品供应链关系稳定性因素涉及四个方面：承诺与信赖、联盟预期、关系资本及利益分享；农产品供应链联盟绩效评价测度涉及财务绩效、运营绩效和绿色绩效三个方面；跨境农产品供应链需要解决和优化的着力点在于结构与流程。而供应链关系稳定性、联盟绩效及供应链优化作为一环扣一环、一层进一层的问题链（周晓东，2004；曾文杰、马士华，2010），在以出口为导向或目标的"跨境"农产品供应链实践中将其进行系统研究的文献成果目前鲜有见到。

再次，农产品供应链关系稳定性、联盟绩效的研究方法主要为定量研究，一些定量研究方法亦被成功开发和应用。如统筹多元数据的定量分析方法——结构方程模型（SEM）也开始被应用于两者的定量研究。将结构方程模型探索性地分别运用于跨境农产品供应链关系稳定性影响因素、联盟绩效评价以及农产品供应链关系稳定性对联盟绩效的影响三个实证分析具有一定的创新意义。

最后，也有部分学者关注了供应链关系稳定性与（联盟）绩效之间的联系，并且进行了定量的验证分析（Yang et al.，2008；符少玲、王升，2008；毛溢辉，2008；生步兵，2009；刘琦，2014），这为关系稳定性对跨境农产品供应链联盟绩效的影响研究提供了宝贵的理论依据。我国在农产品供应链领域的相关研究起步较晚，加之跨境农产品供应链本身具有的特殊性，我国现有研究成果尚未提出系统的有效解决跨境农产品供应链优化路径和模式的方法。但是现有学者丰富和深入的研究成果，为中国—东盟跨境农产品供应链运行稳健性未来的研究提供了强有力的理论支撑。

第三章　一个分析维度：面向东盟的
跨境农产品供应链[*]

第一节　概念源起、演变与界定

一　概念源起

　　跨境农产品供应链是农产品供应链和跨境供应链的有机融合，是供应链思想在跨境农产品领域的延伸，是涉农供应链的重要议题之一。在国外，涉及跨境农产品供应链的有关论述和研究肇始于供应链概念的提出，而供应链的概念则源于20世纪80年代初美国哈佛商学院迈克尔·波特的价值链理论。克里斯托弗和赖亚尔斯（Christopher and Ryals，1999）指出，21世纪农产品国际市场的竞争将演变为供应链与供应链之间的竞争，即整个产业链条、整个运作体系的全面和整体竞争。Trienekens和Willems（2002）、Roekel等（2007）提出并解释了"跨境农业供应链""跨境生鲜食品供应链"等概念。

---

　　*本章根据隋博文、庄丽娟《跨境农产品供应链：中国—东盟农产品流通产业发展的基石》（《中国流通经济》2016年第2期，被中国人民大学复印报刊资料《物流管理》2016年第5期全文转载）和隋博文、庄丽娟《跨境农产品供应链的形成机制、类型特点及整合策略——基于广西—东盟的实践》（《对外经贸实务》2015年第6期），隋博文、庄丽娟《中国—东盟双方跨境农业合作方式探析》（《对外经贸实务》2017年第6期），以及隋博文、庄丽娟《现代农业经营组织创新的五个维度解析》（《商业经济研究》2016年第2期）等修改而成。

二 概念演变

近年来，随着我国农业对外开放进程加快和产业链、价值链、供应链等概念被相继引入"三农"领域，国内学者开始从供应链角度研究有关农产品跨境流通贸易问题。如罗必良等（2012）在《粤澳食品安全合作机制研究——基于农产品安全视角》一书中提到了"农产品跨境供应链"一词，且认为农产品跨境供应链一般较长，涉及主体较多，运作较为复杂。文晓巍和张蓓（2012）强调，"粤澳农产品供应链"质量安全存在追溯困难、"水客"乱象及缺乏统一标准等风险隐患。阮建女（2012）指出，大多数"农产品出口供应链"是松散、分裂的，不具备长期稳定性。苟建华（2014）通过分析巴西、阿根廷、智利等国家成功运作的"出口农产品供应链"质量安全控制模式和特点，指出农业产业化改革、发展农业龙头企业主导的农产品供应链运作模式和利用先进供应链管理技术与方法等是其出口农产品供应链质量安全管理的典型经验。而樊星等（2016）实证研究表明，"跨国农产品供应链"存在供应、环境、需求、衔接、物流、管理、信息、生产等潜在风险。此外，Hua（2009）依据浙江省"出口农产品供应链"运行类型及问题，建议其应扶持发展龙头企业、规范农村合作社的企业化运作模式、加强农产品品牌建设、完善出口农产品商检服务；杨鹏强（2015）还提出并设计了跨境供应链及其技术性贸易壁垒应对系统。《国务院办公厅关于积极推进供应链创新与应用的指导意见》（2017）指出，鼓励农业产业化龙头企业等合作建立集农产品生产、加工、流通和服务于一体的农业供应链体系，发展种养加、产供销、内外贸一体化的现代农业；推进跨境经济合作区建设，建立本地化供应链体系。

三 概念界定

如前文所述，跨境农产品供应链的概念表述不尽相同，但却具有一些共性特征：跨境农产品供应链的两端（即生产、消费）在地理（空间）上跨越了边境线或国界线；跨境农产品供应链的主营业务是由涉农涉外核心企业主导的农产品进出口流通贸易（就研究频率和价值来看，又以出口型跨境农产品供应链为主）；跨境农产品供应链的"链"条较长、"链"上主体较多，实际运作存在诸多挑战。本书在参考农产品供应链、跨境贸易（指国与国之间进行的商品和劳务交换及其所对应的跨境进出口安排、跨境贸易模式、跨境结算等过程）（陈继元，2013）概念界定及相关学者概念提法的基础上，首先给出广义的跨境农产品供应链定义，即为两国或多国间农产品流通进出口供应链的统称。具体到本书，则结合"跨境经济、农业和减贫、互联互通"等中国—东盟优先合作领域进展和中国—东盟农产品流通产业发展实际，给出狭义的跨境农产品供应链（Cross‒border Agri‒food Supply Chains，CASCs）的定义，即在中国—东盟自由贸易区（CAFTA）框架下，围绕果蔬、水产、谷物等中国出口（东盟）农产品展开（农）产品流、信息流、资金流的运作，将生产（种植或养殖）、加工、储运、分销等环节的参与成员连接而成的一个具有利益关系和整体功能的网络（跨境农产品供应链网络系统模型见图3‒1）。跨境农产品供应链既是一条连接中国境内供应商（一般指核心生产商或代理商）和东盟国家客户的产品物流链，也是农产品在跨境流通过程中提高附加值的增值链，一般

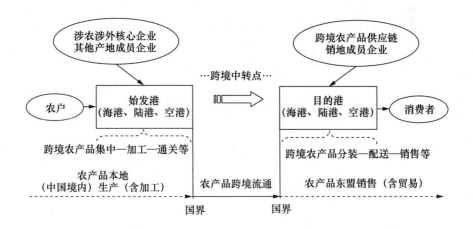

图3‒1 跨境农产品供应链网络系统模型

由核心企业（含类企业性质组织）进行协调和运行。"农产品本地生产（含加工）商＋农产品跨境流通（服务）商＋农产品东盟销售（含贸易）商"模式下，核心企业能够提升整个跨境农产品供应链的流通效率，节省了交易成本及技术投入成本，中国—东盟农业互联互通利润自然就得到了提高。

第二节　生成动因和形成机制

无论面向东盟的农产品生产贸易的产业化组织方式如何，跨境农产品的供应链都牵涉到很多环节，各环节可以由农产品本地生产（含加工）者驱动，也可以由东盟消费者驱动，或者是受农产品本地生产（含加工）者与东盟消费者及其产业（行业、企业）组织等共同作用和影响。

一　生成动因

（一）面向东盟的农产品生产贸易驱动：广西荔枝、龙眼例证

中国—东盟早期收获计划（China – ASEAN Early Harvest Program，以下简称早期收获计划）是根据 2002 年 11 月签署的《中国与东盟全面经济合作框架协议》而实施的。早期收获计划主要决定了从 2004 年 1 月 1 日起对 500 多种产品（主要是《海关税则》第一章至第八章的农产品，还包括少量其他章节的产品）实行降税，到 2006 年这些产品的关税降为零。因此，早期收获计划也被狭义地表述为中国—东盟农产品零关税计划。广西是我国农产品主产省区之一，以荔枝、龙眼为例，2016 年广西荔枝产量近 66.75 万吨、龙眼产量 59.67 万吨，均占到全国的 1/3，稳居全国前列。早期收获计划实施十余年来，广西包括荔枝、龙眼在内的农产品生产贸易格局已发生新的变化，涉及进出口贸易额（量）以及生产、价格、收益和就业等各方面。

第一，荔枝、龙眼出口贸易不畅甚至萎缩。广西与东盟国家地域

相近，气候相似，很多农产品品种雷同，且由于东南亚国家气温高，日照时间长，一般较广西同类农产品早熟，广西荔枝、龙眼出口东盟差异化优势不明显。同时受技术设施条件和市场价格因素的影响，2003—2013 年广西荔枝、龙眼出口的量不大且品种单一，甚至出现出口萎缩态势。2014 年，广西荔枝（以荔枝罐头为主）出口额与 2013 年基本持平，而龙眼（以龙眼罐头为主）出口额仅为 8.3 万美元，较 2013 年下降 27%。究其原因，主要有两个方面：一是受广西荔枝、龙眼原产地生产标准化、冷库建设以及运输时的冷链设施配套等主要条件的限制，出口鲜荔枝、龙眼存在较大难度。调研表明，2014 年广西荔枝、龙眼尚未加入可追溯农产品种植行列，原产地预冷设施（设备）严重滞后，自然运输（即常温运输，运输途中未经制冷等特殊处理）仍占绝对主体。二是越南等东盟国家荔枝、龙眼产品特别是一般及以下品质的鲜荔枝、龙眼进口价格和销售价格偏低，从大众消费的角度看，也影响了广西荔枝、龙眼的出口，甚至挤压了广西本地荔枝、龙眼的销售市场。通过比较，2014 年广西进口的鲜荔枝、龙眼价格普遍比广西本地的鲜荔枝、龙眼价格低 10%—30%。

第二，荔枝、龙眼生产的边际收益降低。边际收益是指增加一单位产品的销售所增加的收益，即最后一单位产品的售出所取得的收益。近十年来，广西荔枝和龙眼生产成本普遍上升、收益却在降低，契合边际收益递减规律。据国家荔枝、龙眼产业技术体系固定观测户调研数据显示，2014 年广西荔枝每亩利润为 651.4 元，比 2013 年（每亩利润：778.71 元）减少了 16.3%；广西龙眼每亩利润为 133.00 元，比 2013 年（每亩利润：327.60 元）减少了近 60%。荔枝、龙眼生产边际收益的降低，一定程度上影响了农户的种植积极性和市场的就业稳定性。扣除技术进步和品种改良等因素，广西水果生产技术指导总站通过测算发现，2014 年广西荔枝、龙眼农户数量比 2003 年锐减 60% 以上。此外，虽然产量逐年有所增加，但种植面积均在减少，只是下降幅度不同而已。2014 年，广西荔枝种植面积（较 2013 年）减少了 2 万亩、龙眼种植面积减少了 9.3 万亩，其中龙眼种植面积降幅达 4.0%。单就荔枝、龙眼两大农产品比较而言，龙眼所受早期收获计划的影响更大一些。从长远来看，对于广西包括荔枝、龙眼在内的特色农产品的可持续发展特别是实现农民增收、农业增效是不利的。

第三，荔枝、龙眼实现深加工的量偏少。众所周知，荔枝、龙眼等优势特色农产品深加工具有"点土成金"的经济魔力。长期以来，优势特色农产品如何延长产业链，实现增值，是广西农业产业化乃至"走出去"战略必须面对的问题。通过调研数据和文献资料可知，一方面，广西荔枝、龙眼年加工量仅占总产量的 10% 以下，大部分属于鲜荔枝、龙眼或经过简单的初级加工（如仅仅包装一下）便流入市场，损耗严重，同时也对流通环节的冷链等保鲜措施提出了更高的要求。而与广西山水相连的广东，其荔枝、龙眼加工量可以占总产量的 30% 左右，广西荔枝、龙眼实现深加工的量仅占广东的 1/3，从量上来说是偏少的。甚至有专家指出，荔枝、龙眼等优势特色农产品深加工率只有增加到 50% 以上，农户才能有较好的经济效益，才能使荔枝、龙眼等鲜果产业步入良性循环。另一方面，广西荔枝、龙眼产品出口多为荔枝罐头、荔枝干（肉）以及龙眼罐头、龙眼干（肉）等深加工产品的出口，但贸易量非常小。南宁海关统计数据显示，2014 年荔枝和龙眼罐头等深加工产品出口额占广西整个荔枝、龙眼产品出口的 96.3%，但贸易额仅为 33.9 万美元。因此，提高荔枝、龙眼等广西优势特色农产品的深加工率已迫在眉睫。

（二）中国—东盟跨境农业合作驱动：广西实践经验

当前跨境农业合作现已成为中国—东盟互联互通优先合作领域。事实上，伴随 CAFTA（中国—东盟自由贸易区）的建成和升级，特别是"一带一路"倡议的推进，中国—东盟跨境农业合作正在不断向前推进。其中跨境农业合作具备的条件和优势主要有：

第一，跨境农业合作利好政策叠加。李克强总理在第 19 次中国—东盟（10 + 1）领导人会议上的讲话中指出：跨境经济、农业和减贫、互联互通等已被确定为中国—东盟优先合作领域。2016 年中央一号文件（即《中共中央、国务院关于落实发展新理念加快农业现代化实现全面小康目标的若干意见》）提出：统筹制定和实施农业对外合作规划；加强与"一带一路"沿线国家和地区及周边国家和地区的农业投资、贸易、科技、动植物检疫合作。国家"十三五"规划纲要提出：积极开展境外农业合作开发；拓展农业国际合作领域，支持开展多双边农业技术合作。2017 年中央一号文件（即《中共中央、国务院关于深入推进农业供给侧结构性改革加快培育农业农村发展新动能的若干意见》）提出：加强农业对外合作，推动农业走出去；积极参与国际贸易规则和国际标准的制定修订，推进农产品认证结果互认工作。2018 年中央一号文件（即《中共中央、国务院关于实施乡村振兴战略的意见》）提出：深化与"一带一路"沿线国家和地区农产品贸易关系；实施特色优势农产品出口提升行动；培育具有国际竞争力的大粮商和农业企业集团。

第二，跨境农业合作地缘优势明显。广西、云南等我国西南民族地区毗邻东盟，山水相连、语言相通、习俗相似，双边开展农业互联互通特别是跨境农业合作具有天然而特殊的地缘优势，这些地区（主要是广西、云南等省区）因此也成为中国—东盟跨境农产品流通贸易、农业产业合作甚至相关人文交流的桥头堡和示范区。以"一带一路"有机衔接重要门户的广西为例，一方面，广西与东盟国家农业交流历史悠久。早在两千多年前，伴随古丝绸之路、海上丝绸之路的开辟，广西农业（农产品）开始走向东南亚、南亚的广袤田野和住民食桌。重要的是，广西位于亚热带气候带，拥有"土特产仓库""水果之乡""蔗糖之乡"等美誉，与东盟跨境农业合作中，具有明显的区位优势和贸易优势（贺大州，2017）。另一方面，广西面向东盟的立体化交通网络发达（"十二五"期间广西交通物流基础设施变化情况见表 3 - 1）、涉农涉外机构和跨境农业设施较为完善，这不仅为跨境农产品流通贸易便利化提供了坚实的基础设施条件，同时也为双边农业政策交流与机制协调、农业技术合作与能力建设、农业项目投资与风险管控等提供了良好的平台和环境。

表 3 – 1   "十二五"期间广西交通物流基础设施变化情况

指标	2010 年	2015 年	2015 年比 2010 年增加
公路里程（公里）	101782	117000	15218
其中高速公路里程（公里）	2575	4289	1714
铁路运营里程（公里）	3200	5086	1886
其中高速铁路运营里程（公里）	0	1735	1735
北部湾港口货物通过能力（亿吨）	1.2	2.3	1.1
万吨级以上泊位（个）	49	79	30
内河港口货物综合通过能力（亿吨）	0.6	1.0	0.4
内河千吨以上泊位（个）	73	143	70
运输机场（个）	6	7	1

数据来源：《广西物流业发展"十三五"规划》。

第三，跨境农业合作产品资源丰富。得天独厚的地理位置和气候特点，为广西、云南等西南民族地区外向型优势特色农业（农产品）发展提供了良好的生产条件。以广西为例，优势特色（农业）农产品如杂交水稻、玉米、甘蔗、木薯、油料等农作物种植具有比较优势；热带及亚热带水果品种丰富、营养高、口感好，尤其是豆类、茶叶、天然蜂蜜以及生猪、水牛奶、北部湾海产品等广西优势特色农产品一直深受东盟消费者欢迎。同时，广西作为林业大省，林业用地的面积、蓄积量、采伐量位居全国前列，速丰林、经济林稳居全国首位，目前广西面向东盟的速丰林与木材加工制造业、种苗花卉产业、经济林产业及生态旅游产业等林业产业发展迅猛。此外，当前东盟国家（如越南、泰国、老挝、缅甸、柬埔寨等）农业机械化程度普遍偏低，而广西在包括农机在内的多种农资产品（如稻种、果苗、化肥、农药等）方面具有一定技术或研发优势，合作前景广阔。

基于上述跨境农业合作条件和优势，广西在面向东盟的跨境农业合作方面进行了积极探索和实践，其中跨境农业合作的主要方式有：

第一，推广农业技术品种的跨境合作方式。近年来，随着中国—东盟农业互联互通向深度和广度拓展，以农业技术与品种为内容的跨境农业合作成为广西、云南等西南民族地区农业"走出去"、走上东盟大舞台的基本方式。以广西为例，全区涉农科技企业通过将良种、设备、技术输出至东盟国家，有效提升了其种植业、加工业的转型升级。如 2012 年广西（木薯研究所）向菲律宾东达沃省提供了 20 吨木薯良种种茎，并提供海外木薯新品种选育、高产栽培技术培训等一系列跟踪指导服务。2013 年广西（农业科学院等单位）又陆续在柬埔寨干丹省、贡布省、磅同省等建立水稻优势新品种 32 个。2015 年广西（万川种业有限公司）在越南合作推广新杂交水稻品种 1200 吨、玉米 500 吨、蔬菜 200 多吨，该公司已经成为广西出口东南亚国家数量最大的种子企业。2016 年，广西（容县）瑞众、雄飞、新桥等多家农机企业根据越南、柬埔寨和马来西亚等东盟国家农机市场需求，通过与当地企业联合进行技术创新和设备改造，推出多款适合当地耕作和运输要求的小农机（具）。据不完全统计，2016 年容县累计向东盟国家销售各种微型拖拉机、耕作机和耕整机等农机近万台。此外，广西还通过实施中国（广西）—东盟农作物优良品种试验站、文莱水稻高产栽培示范等一批跨境农业技术合作（试验）项目，支持农业科技"走出去"。与此同时，东盟的农业企业也加大了在广西的品种与技术合作力度，泰国糖业公司、新加坡威尔玛公司等大型企业都与广西合作组建了新的集团公司（东亚糖业集团、防城港大海粮油工业有限公司），力争通过"强强联合"做大做强跨境农业产业。

第二，拓展农业资源开发的跨境合作方式。包括广西、云南等西南民族地区在内的中国广大农区与东盟国家在农业（自然）资源禀赋方面存在着显著的差异性，同时得益于"一带一路"倡议和跨境农业投资深入东盟，农业资源开发跨境合作逐步成为中国—东盟农业互联互通的主要领域和方式。以广西为例，近年来全区与"一带一路"沿线东盟国家的农业资源开发跨境合作项目及农技人才交流日益频繁，广西明阳生化集团、广西福沃得农业技术国际合作有限公司等一批企业纷纷在越南、柬埔寨等国建立木薯、水稻生产加工基地，在企业发展的同时也带动了东盟国家当地农民的收入增加。据不完全统计，2016 年广西赴东盟国家开展跨境农业资源开发合作的企事业单位共计 30 余家，其中已在商务部门进行登记备案的有 11 家，东盟国家投资金额累计超过 20 亿元。在投资东盟的国别上，主要集中于越（南）老（挝）柬（埔寨）3 国，投资方向涵盖木薯、甘蔗、茶叶、蔬菜、剑麻的种植加工（主要是初级加工）以及远洋捕鱼等领域。正是受一批批广西与东盟农业企业尤其是农业龙头企业的带动，双边贸易取得了可喜成绩。2015 年广西—东盟农产品贸易规模突破 20.3 亿美元；东盟国家在广西投资项目 22 个，合同外资额 7.11 亿美元。需要说明的是，由于在资源、技术等方面具有较强的互补性，广西与东盟国家在种植业、水产养殖、畜牧、农业机械、农产品加工、冷链运输、农业生物技术、海洋捕捞及渔业机具生产、农业环境保护与可持续发展等农业资源开发重点领域仍存在较大的合作空间。

第三，兴建农业发展园区的跨境合作方式。农业拓展园区跨境合作系多边、双方或某一方主导推动建立，旨在发挥"一园多国（或地方）优势特色农产品集聚研发和生产、技术密集、辐射带动"的跨境农业园区之特点，目前已成为中国—东盟跨境农业合作（方式）中一道亮丽的风景线。其中：广西—东盟跨境农业合作园区主要有位于百色、南宁等地（建设）的中国—东盟现代农业观光展示园、中国—东盟现代农业科技合作园区、袁隆平东盟农业科技博览园等。以中国—东盟现代农业科技合作园区为例，该园区主要分为农业科技开发利用、农业教育文化和农产品商贸流通三大板块，以及现代农业高新技术合作研发、双边农业优新品种试验展示、跨境农业教育培训、新型农业休闲观光、农产品流通加工及附属产业关联区、双边农业商务博览及配套服务六大功能区。该园区主体工程主要包括中国—东盟农业技术联合研发大楼、双边农技研发试验基地、广西水牛奶研发（加工）中心、中国—东盟农业专家生活园、中国水牛品种资源园以及中国—东盟畜禽类优新品种试验展示区等多项重大基础设施，致力打造跨境农业园区合作范例。据有关统计资料显示，2016 年中国—东盟（南宁）现代农业园区生产（含种植、加工）的红心火龙果、牛蒡茶、牛蒡酒、野猪肉、蛋黄果、台农一号百香果、台农一号四季蜜芒、马来西亚大杨桃等特色水果和保健食品销售收入达数亿元。

（三）跨境农产品供应链（联盟）的变革与演进驱动：耦合作用表现

跨境农产品供应链（联盟）的变革与演进是跨境农产品供应链理论发展、跨境农产品供应链主体选择、外向型农产品流通政策规制以及跨境电商等技术进步耦合作用的结果，表现出较显著的理论依赖性、主体依赖性、政策依赖性、技术依赖性。

第一，理论依赖性。跨境农产品供应链（联盟）依赖的主要经济（管理）理论有交易成本理论、价格理论、渠道理论、契约理论、供应链理论以及网络组织理论等。其中交易成本理论是内核、是动因，是跨境农产品供应链（联盟）演进的基础理论；价格理论是"晴雨表"，是跨境农产品供应链（联盟）演进的外在表现；渠道理论解决的是跨境农产品供应链（联盟）中"渠道"的宽度和厚度问题；而契约理论和供应链理论阐释的是跨境农产品供应链（联盟）各主体的合作及协同；网络组织理论则描绘了跨境农产品供应链（联盟）组成要素的链接架构。

第二，主体依赖性。跨境农产品供应链（联盟）的形成和发展是跨境农产品供应链（联盟）各参与主体自动自发选择的动态过程。不同的时空条件下，参与主体的显性与隐性是此起彼伏的，而且成为核心的主体只能是一个。一般来说，跨境农产品供应链（联盟）整个链条涉及的参与主体有本地农户（生产、种植等）、涉外涉农龙头企业（含加工、经销等）、东盟终端市场（如超市）以及第三方机构（外向型农业专业合作社、第三方国际物流企业）等，而作为参与跨境农产品供应链（联盟）的单一主体亦成为唯一的核心主体，则是因地制宜、因时制宜的结果。

第三，政策依赖性。跨境农产品供应链（联盟）的变革与当时的政策（目标）导向有很大的关联，中国—东盟农业互联互通、外向型农业经济、乡村振兴、城乡一体化、新农村建设、农民增收、食品安全等均为如此。实践发展经验表明，跨境农产品供应链（联盟）的变革正是伴随国家一系列支农惠农和外向化经济政策（目标）的陆续出台而逐步推进的。事实上，跨境农产品供应链（联盟）变革的政策目标导向虽有很多，但是终极目标其实就两个，即跨境农产品供应链做大做强、安全高效，这两个词也成为跨境农产品供应链（联盟）变革的高频词。

第四，技术依赖性。近年来，跨境电商（如 B2C、F2I2C 等）、物联网（如 RFID 等）甚至中国—东盟信息港等现代信息技术的应用和开发成为跨境农产品供应链（联盟）创新的重要动力源，开辟了跨境农产品供应链（联盟）创新的新时代，基于跨境电商或物联网的集成化跨境农产品供应链（联盟）应运而生。但就跨境电商、物联网单独来看，其自身一直也在不停地发展和变化，所以，跨境电商或物联网背景下的跨境农产品供应链（联盟）也在演进与完善之中，即会随着技术的升级，跨境农产品供应链（联盟）会更简约、更安全、更具有实操性。

（四）现代农业经营组织的创新驱动：北部湾经济区实践探索

农业经营组织是指实行自主经营、独立核算、自负盈亏，从事商品性农业生产以及农业产业链直接相关活动的、具有法人资格的经济组织，多为农业企业或农业类企业（何艳桃，2012）。而现代农业经营组织一般是指融合并运用了现代经营理念和技术的农业企业（含农业类企业）。现代农业经营组织是提高农业组织化程度、推进农业产业化经营、加快社会主义新农村建设的重要保障。关于农业经营组织创新问题，现有文献主要体现在人力资源、利益联结、产品附加、社会责任、技术应用等几个方面，如包宗顺（2012）根据江苏省 1086 个农户问卷调查资料，论述了劳动力资源利用与农业经营组织创新的耦合关系；刘绍吉（2011）以云南曲靖为例，对农业产业化经营（组织）利益联结机制进行了比较研究，认为企业与农户间利益联结由"松散型"向"紧密型"变迁是市场经济作用的必然；张胜荣（2013）强调要促使农业经营组织承担社会责任，必须要从政府、企业、消费者等各个层面采取有效措施，其中农业企业自动自发是核心和关键；王铁等（2014）基于甘肃省358 家企业的调查，认为农业经营组织的未来发展取决于信息技术和产品的创新运用，包括电子商务和互联网金融等。北部湾经济区（主要包括南宁、钦州、北海、防城港及玉林、崇左等地市）作为沿海后发地区、传统农业大区，近年来在国家、自治区大力发展新型农业经营组织等利好政策驱动下，农业产业化经营特别是人力资源、利益联结、产品附加、社会责任、技术应用等"维度"建设取得积极成效，而这五个"维度"又恰好构成了现代农业经营组织"软件"和"硬件"、"内核"和"外核"的辩证统一关系。

维度一：人力维（即人力资源的维度）。在一个国家或组织发展中，各种资源都是不可或缺的，而人力资源是根本。人力资源是指包含在人体内的一种生产能力，包括现实能力和潜在能力两部分。从严格意义上来讲，它是指一个国家或地区所属人口群体中蕴含的体力、智力和协作力的总和（贾长杰，2012）。虽然农民一直都是人力资源，但是我国真正从"人力资源"的角度比较全面、系统地去认识、解析"农民"不过是最近一二十年的事情。有学者根据我国农民的制度特征及其职业、收入、空间等因素，将改革后我国农民分化为务农农民、非农农民和兼业农民三种基本类型，其中务农农民包括传统农民、专业户、合作社经营者，非农农民包括农民工、个体私营业主，兼业农民包括以农为主的兼业农民、以非农为主的兼业农民等（傅晨、任辉，2014）。因此，一般意义上，农民是指务农农民和以农为主的兼业农民。当前我国农村普遍的现状是农村人力资源数量庞大、素质低，因此，进行农村人力资源的开发，提高广大农民的素质，是解决"三农"问题的关键，是提高农民素质的重要途径，也是发展传统农业大区经济的关键。近年来，北部湾经济区及各地市通过实施农村人才工程、农民培训项目，加强农业职业技能培训，加快培育新型农民，培养了一大批有文化、懂技术、会经营、能创业的新型职业农民，有效推进了沿海后发地区农业产业化、现代化进程。2014年，北部湾经济区累计完成农业实用技术培训230.6万人次，职业农民培训80万人，其中职业渔民20万人。另外，北部湾经济区现代农业经营组织也在尝试农业职业技能鉴定合格证书、农民职业技能培训合格证书准入制度和全员培训制度，从提高人力资源专业水平的维度进行组织创新。需要说明的是：农业职业技能鉴定合格证书和农民职业技能培训合格证书是农业从业人员通过规范化培训达到从事某项农业生产、经营、管理和服务等岗位应具备的基本知识和专业技能的证明。

维度二：利益维（即利益联结的维度）。理性经济人假定是西方经济学家在做经济分析时关于人类经济行为的一个基本假定，意思是作为经济决策的主体都是充满理性的，即所追求的目标都是使自己的利益最大化。因此，基于理性经济人假定，农业经营组织从某种程度上是以农民为主体的"人"的利益联结"共同体"。然而，受外部制度环境、内部制度安排以及有关技术和信息、资产特性、产业特性、激励与风险等因素影响，不同农业经营组织形成的利益联结机制亦不同，主要有单纯技术和信息服务型（又称专业技术协会）、"服务＋交易额返还型"（又称专业合作社）及"服务＋交易额返还＋二次分配型"（又称股份合作社）等。当前，北部湾经济区及各地市政府和农业产业化龙头企业通过实践探索，农企间的利益联结机制、产销运作形式不断创新，并初步建构起"利益共享、风险共担"的紧密型利益联结机制，即在起初"公司＋农户"模式的基础上，以订单（协议）为纽带，发展形成了"公司＋合作组织（协会）＋农户、公司＋经纪人＋农户、公司＋专业市场＋农户、公司＋种养大户＋农户"四种衍生型模式，未来有望形成"龙头企业（科研机构）＋农民专业合作组织＋农户"农业产业化经营模式。据2014年广西农业产业化发展统计公报显示，这四种衍生型模式共辐射带动南（宁）、北（海）、钦（州）、防（城港）四地市100余万农户，这些农户80%的收入与从事农业经营组织有关。目前来看，"公司＋合作组织（协会）＋农户"模式，利益联结更紧密，互惠双赢效果更突出，已成为北部湾经济区农业产业化经营（组织）的主推模式。事实上，目前政府、龙头企业和农户是发展我国农业生产经营的三个基本要素，三者之间利益相连，互存互利，互促互荣，缺一不可（熊吉陵、邓伟，2013）。为此，三方要树立"共赢"理念，共同完善龙头企业和农户之间的利益联结机制，方能推进农业产业化经营的可持续发展。

维度三：产品维（即产品附加的维度）。有学者指出，任何类型的组织创新都是三方面集聚作用的结果，即观念的创新、管理的创新和产品（或服务）的创新（宋东风，2009）。作为农业经营组织，产品创新也就是提高农产品附加值是实现组织创新发展的"三驾马车"之一，也是唯一的一个既"看得见"又"摸得着"的创新。经济在发展，农产品消费也在升级。实践表明，同样的特色农产品，有无叫得响的品牌，其市场销售完全不同。从2014年秋第十一届中国—东盟（南宁）博览会农产品成交商品情况来看，低附加值的初级产品仍然占据主导地位。品牌的力量，在竞争激烈时表现得更为突出。在群众生活水平日益提高的今天，消费者对农产品质量和食品安全问题格外重视，在南北钦防等广西首府和沿海城市，小包装的品牌菜、精品菜已成为超市蔬菜的主流。当前，北部湾经济区的一些蔬菜生产基地只是初步做到了规模化生产，但产业链仍未做大，所供应的蔬菜大多停留在粗加工的阶段。农产品附加值低，农户分散经营，产品质量不好控制，给品牌推广、提高农作物附加值带来诸多不便。而精品菜作为深加工的农产品，其高附加值也可为农户们带来更多的收益，因此，在自贸区绝大部分农产品"零关税"通关贸易过程中，北部湾经济区农业经营组织亟须推动农产品走深加工、精品化的道路，提高农产品特别是特色农产品国际竞争力。在提升农产品附加值的前提下，通过"农超对接"等方式将流通环节成本压缩到最低，既可提高农户们的收入，也确保了城市居民享受到高性价比的农产品。虽然近年来物流业对农产品提高附加值的"催化剂"作用日益显著，但物流业各个环节仍然存在亟待克服的"短板"。但同时也应看到，在北部湾经济区，一家高新技术企业的入驻，让猪血变废为宝，从中提取药用原料；南宁市草莓产业开始向加工领域迈进，利用草莓酿酒，提升了附加值。

维度四：社会维（即社会责任的维度）。近年来频繁出现的"苏丹红"鸭蛋、"三聚氰胺"奶粉、"福尔马林"火锅、"石蜡"大米、"溴酸盐"矿泉水，"地沟油"事件未平而"茶油"事件又起，企业社会责任每每被提及，成为高频率词。一般来说，企业社会责任（Corporate Social Responsibility，CSR）是指企业在创造利润、对股东承担法律责任的同时，还要承担对员工、消费者、社区和环境的责任，企业的社会责任要求企业必须超越把利润作为唯一目标的传统理念，强调要在生产过程中对人的价值的关注，强调对环境、消费者、对社会的贡献。其实，企业社会责任的概念最早可以追溯到 17 世纪亚当·斯密的《国富论》。著名学者卡罗尔在 1991 年构建了基于经济责任（位于塔底）、法律责任、伦理责任、慈善责任的企业社会责任"金字塔"模型。马克思也曾经对资本的逐利性做过非常生动的描写。企业要在市场上站住脚，对经济利益的追求自然是无可厚非。但在盈利之外，如果没有更长远的目光，其前景恐怕有限，作为农业企业（含农业类企业）尤为如此，毕竟中国有"得人心者得天下"的传统，而人心，并不是钱能完全买得到的。因此，现代农业经营组织创新的前提和基础首先是企业社会责任的担当。一般情况下认为，农业企业（含农业类企业）的社会责任主要涵盖三个方面，即生产优质产品（符合国标、行标乃至企标是其最低要求）并减少浪费和控制污染、尊重员工并惠及员工、向社会传播（传递）正确的农业与食品知识。而据 2014 年广西农产品市场调研数据来看，在北部湾经济区农业经营组织中，只有 1/5 的企业能与农民共同面对现实，了解和服务农产品的"产前、产中、产后"全过程，并对农产品进行合理的估价，或以更优厚的价格来收购优质的农产品，主动承担起"尊重员工并惠及员工"的社会责任。

维度五：技术维（即技术应用的维度）。对农业经营组织创新来讲，新技术（主要是电子商务和物联网等信息技术、供应链管理等管理技术）的应用既是挑战、更是机遇。电子商务作为一种先进的商务模式能很好地解决农产品交易过程中流通成本高、流通半径小、流通环节多、市场功能落后等原因引发的效率低下、区域受限等问题，为解决农产品流通领域的矛盾提供了重要的思路，B2B、C2C 等农产品电子商务在线交易平台便应运而生。2014 年 3 月，国家商务部又出台了五项激励措施推动农产品电子商务应用。据不完全统计，中国目前全国涉农电子商务平台已超 3 万家，其中农产品电子商务平台已达 3000 家。农产品电商须与顾客建立良好的购物体验，才能迎来持续消费力及带动相关消费群体。现代农业经营组织要适应或借力电子商务的发展，建立健全以农产品（农业）网站平台为互联互通载体，涉及政府、企业、商家、消费者、农民以及认证中心、配送中心、物流中心、金融机构、监管机构等各方面因素的农产品电子商务运作系统；通过实体经营场所体验、考察与网上下单、支付相结合，实现支付、信用、金融、保险、检测、认证、统计和人才培育等服务协同发展。目前，北部湾经济区"中国—东盟农产品交易平台"两大标志性工程：中国—东盟（钦州）农产品大市场、中国—东盟（南宁）大宗农产品电子商务平台已正式运营，将给农业经营组织带来无限商机。而物联网则是物物相连的互联网，主要是通过射频识别（RFID）、红外感应器、全球定位系统、激光扫描器等信息传感设备，实现农产品产加销的流程控制和农产品质量的可追溯，但目前我国农业物联网应用尚处于尝试性起步阶段（李道亮，2012）。诚然，严格来说，现代农业经营组织的技术创新除了信息技术的应用外，还包括管理技术（如供应链管理 SCM、绩效管理 PM 等）的应用。由此可以得出，从技术应用的维度，现代农业经营组织创新发展的方向是网络化、扁平化、供应链化。

二　形成机制

综观国内外文献，关于中国—东盟跨境农产品供应链形成机制的解释主要有三个层面：专业化市场、地理区位和企业家精神。其中：市场观点认为，中国—东盟跨境农产品供应链的形成是由于专业化市场的带动，如中国—东盟（钦州）农产品大市场、中国—东盟（百色）农产品冷链仓储中心以及中国—柬埔寨现代农业示范中心、中越跨境经济合作区乃至中国—东盟自由贸易区（CAFTA）等；区位观点认为，该供应链的形成得益于中国—东盟农业互联互通独特的地缘优势和交通网络，尤其是广西等西南地区省份，背靠大西南、接壤东盟，是西南中南内陆腹地进入"一带一路"沿线东盟国家最便捷的陆海通道，且已形成面向东盟的立体化交通运输体系；企业家精神观点认为，该供应链的产生在于国内涉农涉外企业历史传统文化及其企业家精神的异域拓展，或称全球化。从实践来看，这三个维度（专业化市场、地理区位和企业家精神）成为中国—东盟跨境农产品供应链形成的基础条件。除此之外，该供应链的形成还有赖于双边贸易的互补和跨境电商的兴起，因而探讨其形成机制也应从双边贸易和跨境电商的角度从更广阔的背景去分析。

跨境农产品供应链的产生有着深刻的供求、技术和政策背景。首先，中国与东盟农产品贸易互补性突出。以广西为例，除东南部分地市外，广西大部分区域处于温带，而东盟国家多处于热带和亚热带地区，因此在农产品上具有较强的互补性（即使是同一种产品在品种和收获季节上，双方也存在一定的互补性），出口延续稳中有进、稳中向好势头（见图 3-2 至图 3-4）。

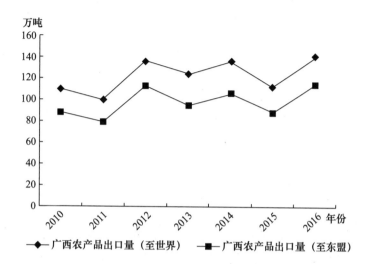

图 3-2 2010—2016 年广西对世界和东盟的农产品出口量比较

数据来源：南宁海关统计数据。

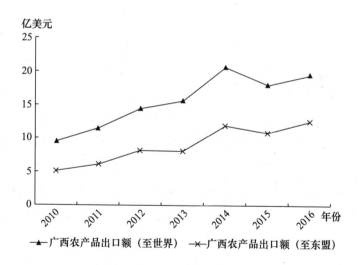

图 3-3 2010—2016 年广西对世界和东盟的农产品出口额比较

数据来源：南宁海关统计数据。

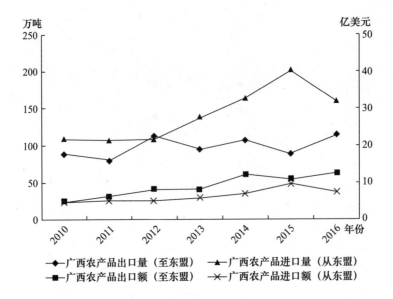

图 3 - 4 2010—2016 年广西与东盟的农产品进出口量（额）比较

数据来源：南宁海关统计数据。

图 3 - 2 至图 3 - 4 综合显示，自中国—东盟自由贸易区（CAF-
TA）正式建成以来，从出口量上，广西对世界和东盟的农产品出口
量均波动较大且比较一致，广西对东盟农产品出口量基本保持在广
西总出口量的 80% 以上；从出口额上看，广西对世界和东盟的农产
品出口额总体呈递增趋势（2015 年稍微下降），广西对东盟农产品
出口额保持在广西总出口额的 50% 以上，东盟成为广西农产品跨境
流通贸易的主要国际销地市场；从广西与东盟农产品进出口量和进
出口额的对比看，广西对东盟农产品跨境流通贸易正从数量增长型
向质量增长型转变。此外，2010—2016 年，广西对东盟的农产品出
口额保持在全国的 12% 左右（稳居全国前列），且集中于果蔬类
（主要包括蔬菜和鲜、干水果及坚果）、水产类（主要包括水海产品
及其制品）和谷物类（主要包括小麦、大米、玉米、高粱、大豆和
薯类）三大类优势特色农产品，两项指标（量、额）均占广西出口

农产品（至东盟）总量（额）的 80% 左右①。另外，面向东盟的农产品跨境电商异军突起。近年来，伴随着"互联网＋"、电子商务等的风起云涌，越来越多的国内涉农涉外企业，纷纷利用互联互通（陆海）通道发展面向东盟的"跨境电商"。以广西为例，早已投入使用的包括农产品在内的广西大宗商品跨境电商平台，让传统产品企业和高附加值产品下游产业企业不断集聚。此外受早期收获计划、"一带一路"倡议、农业供给侧结构性改革等的政策驱动。加入世界贸易组织（WTO）尤其是启动建设中国—东盟自由贸易区（CAFTA）以来，促进跨境农产品产销对接和跨境农产品供应链建设的顶层设计密集出台。以中央一号文件为例，2004—2018 年共 14 次对关于农产品出口贸易与流通方面的内容专门作出部署（见表 3－2）②。由此，从双边贸易、跨境电商、政策环境的三大背景看，中国—东盟跨境农产品供应链的形成与发展在于供求的多样化、技术的革新和政策的导引，此为重要条件。需要进一步说明的是，技术的革新除了互联网、电子商务外，还有冷链装备等。

表 3－2　　2004—2018 年中央一号文件关于农产品出口贸易与
流通方面的内容梳理

年份	文件	关于农产品出口贸易与流通方面的内容（摘录）
2004	《中共中央、国务院关于促进农民增加收入若干政策的意见》	扩大优势农产品出口
2005	《中共中央、国务院关于进一步加强农村工作提高农业综合生产能力若干政策的意见》	提高农产品国际竞争力，促进优势农产品出口，扩大农业对外开放

①　根据 2010—2015 年《中国统计年鉴》《广西统计年鉴》以及 2016 年南宁海关统计数据等综合整理计算得出。

②　2011 年中央一号文件即《关于加快水利改革发展的决定》无明显农产品出口贸易与流通内容。

续表

年份	文件	关于农产品出口贸易与流通方面的内容（摘录）
2006	《中共中央、国务院关于推进社会主义新农村建设的若干意见》	提高农产品国际竞争力并扩大园艺、畜牧、水产等优势农产品出口
2007	《中共中央、国务院关于积极发展现代农业扎实推进社会主义新农村建设的若干意见》	加快实施农业"走出去"战略，培育一批大型涉农商贸企业集团
2008	《中共中央、国务院关于切实加强农业基础建设进一步促进农业发展农民增收的若干意见》	鼓励优势农产品出口，推进出口农产品质量追溯体系建设
2009	《中共中央、国务院关于2009年促进农业稳定发展农民持续增收的若干意见》	统筹开展对外农业合作，培育农业跨国经营企业，逐步建立农产品国际产销加工储运体系
2010	《中共中央、国务院关于加大统筹城乡发展力度进一步夯实农业农村发展基础的若干意见》	提高农业对外开放水平，支持有条件的企业"走出去"，建立健全农产品和农用物资出口监测预警机制
2012	《中共中央、国务院关于加快推进农业科技创新持续增强农产品供给保障能力的若干意见》	加强国外农产品市场监测预警
2013	《中共中央、国务院关于加快发展现代农业进一步增强农村发展活力的若干意见》	完善农产品出口税收调控政策
2014	《中共中央、国务院关于全面深化农村改革加快推进农业现代化的若干意见》	加快实施农业走出去战略，培育具有国际竞争力的粮棉油等大型企业，支持到境外特别是与周边国家开展互利共赢的农业生产和进出口合作

续表

年份	文件	关于农产品出口贸易与流通方面的内容（摘录）
2015	《中共中央、国务院关于加大改革创新力度加快农业现代化建设的若干意见》	积极支持优势农产品出口，加快培育具有国际竞争力的农业企业集团，创新农业对外合作模式特别是重点加强农产品加工、储运、贸易等环节合作
2016	《中共中央、国务院关于落实发展新理念加快农业现代化实现全面小康目标的若干意见》	完善农业对外开放战略布局，巩固农产品出口传统优势，培育新的竞争优势，扩大特色和高附加值农产品出口，支持我国企业开展多种形式的跨国经营，以及加强农产品加工、储运、贸易等环节合作并培育具有国际竞争力的粮商和农业企业集团
2017	《中共中央、国务院关于深入推进农业供给侧结构性改革加快培育农业农村发展新动能的若干意见》	鼓励优势农产品出口，支持农业企业开展跨国经营，建立境外生产基地和加工、仓储物流设施，培育具有国际竞争力的大企业大集团
2018	《中共中央、国务院关于实施乡村振兴战略的意见》	优化资源配置，提高我国农产品国际竞争力，实施特色优势农产品出口提升行动，扩大高附加值农产品出口，并积极支持农业企业走出去，培育具有国际竞争力的大粮商和农业企业集团

　　跨境农产品供应链作为由涉农涉外核心企业主导的企业（含农户）集合体，为的就是做大、做强、做优外向型农业（农产品）产业链而实现普惠。之所以能够组成或加盟跨境农产品供应链这一新兴业态，从理性经济人的角度，根本原因还是在于组成或加盟跨境农产品供应链后，这些成员企业可以节约相关成本、提高整体效率、获取更大回报，即满足成员企业的利益最大化期望。事实上，跨境农产品供应链成员企业的协调、融合、匹配和对接并非同步发展、一蹴而就的，而是一个循序渐进的互联互通过程，伴随着农产品本地生产（含加工）商、农产品跨境流通商、农产品东盟销售（贸易）商等主体之间合作（联盟）关系的深入，不断深化发展。借鉴张明玉（2010）关于战略、利益、组织、流程、信息、标准、

文化等农产品市场与基地对接要素的分析与框架，本书构建了跨境农产品供应链渐成（路径）模型，见图3-5。

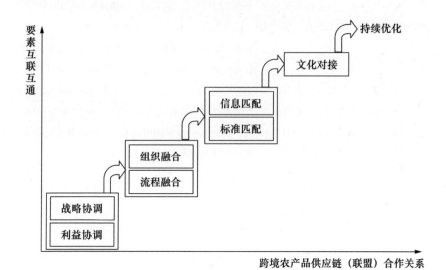

图3-5 跨境农产品供应链渐成（路径）模型

第三节 类型结构及其特点

一 一般农产品供应链的网链结构及关系解释

农产品作为具有高度自然属性和后经验特性的物品，使得农产品供应链和其他供应链（如工业产品供应链）存在很大区别。农产品供应链结构一体化主要包括生产（加工）商主导、运输商主导和零售商主导三个常见类型（杨为民，2007）。从农产品供应链的定义和实践看，农产品供应链包括从苗种培育到田间（养殖）管理、产品加工、保鲜，直至流通、市场销售等产前、产中、产后的所有环节和整个流程，即"从农田到餐桌"的全过程，涉及农资供应商、种养户或生产基地、加工商、物流商、销售商等农产品供应链主体。农产品供应链的一般结构见图3-6。

图 3 - 6 农产品供应链的一般结构

从图 3 - 6 可以看出，农产品供应链的高效、稳健运行有赖于供应链成员（或联盟伙伴）良好关系的建立和维护，即有赖于农产品供应链耦合机制、联动机制、无缝连接机制的持续完善。当前，农产品供应链关系形态已从一般的交易关系、契约关系、合资关系转变为伙伴关系或联盟关系，其背后的驱动因素是交易成本削减、交易风险降低及合作效率提升。许多理论被用来解释供应链关系的动因和形成机理，被引用较多的有交易成本理论、资源基础理论、社会交换理论等。其中，交易成本理论认为，农产品供应链即所谓的农产品流通中的中间组织形态，其合作关系的建立基于影响交易成本的三个因素（即有限理性、机会主义、专用性资产），由于是长期合作，彼此间信任度提升，合作关系趋于稳定，交易风险（不确定性）降低，但容易形成"锁定效应"；资源基础理论认为，农产品核心企业为了能够持续获得某种外部资源（如原材料、优质货源、销售渠道等），将寻求合作伙伴并形成相互依赖关系直至合作伙伴关系，并对供应链结构和流程进行适时调整和优化；社会交换理论认为，农产品供应链组织间的合作关系是一种合作型交换关系，交换各方无法单独获得收益，只有通过彼此间建立公平、信任的互利互信机制和信息共享的互联互动关系，降低交易成本，提升绩效，才能实现共赢。

二 跨境农产品供应链主要类型：基于广西—东盟的实践

（一）物流园区主导型供应链

目前，广西物流园区主导型供应链以出口蒜头、豆粕、龙眼罐头等农（副）产品为主，其中，豆粕占全区出口东盟的 70% 以上份额。截至 2014 年底，广西已建成市级以上农产品物流园区 11 个（具有跨境性质的 3 个）、在建 6 个，代表性的有：广西（北海）国际农产品物流园有限公司、广西（梧州）农产品物流配送中心等。农产品物流园区是指在农产品物流衔接地形成的具有综合物流功能的节点和空间集聚体。农产品物流园区是拥有多种物流服务和物流设施的不同类型的农产品物流企业。农产品物流园区通过原料收购（主要有订单农业、非订单农业、市场等形式）、产品运输、信息处理、产品加工、订单处理、储存配送、场地租赁以及仓储保鲜等功能和程序，将农产品交付口岸或保税基地，再由本国或外方外贸公司将农产品从口岸跨境至消费者。通过调研发现，该类供应链的主要方向和经营目标是以物流带园区，以园区带动特色农产品等优势产业发展，其优点在于：以物流园区为中心组织物流活动，具有强大的农产品集散功能；缺点是：达到规模效益有一定难度，且农产品流通受季节性影响较大。因此，针对物流园区主导型供应链，应建设具有明显帕累托改进的一体化、联动式、互补性物流园区，实现多式联运的柔性契合。

（二）仓储基地主导型供应链

广西农业信息网统计公告（2014）显示，广西的农产品仓储基地在数量上偏少，仓储能力有限，特别是具有预冷、制冷设施（设备）条件的大中型仓储基地相当缺乏。目前全区规模较大的、正在投入使用的农产品仓储基地为南宁玉洞冷库，正在建设的为百色冷链仓储中心。以南宁玉洞冷库为例，该仓储基地（系公司化运作）推行"基地＋合作社＋农户＋标准生产"的模式，通过生产基地建设、加工仓储体系建设和物流体系建设，构建了面向东盟的、以南方特色果蔬为主的农副产品生产、加工、贸易、物流集散中心。调研获知，广西时令蔬菜的跨境流通主要由仓储基地完成。据不完全统计，2014 年经南宁玉洞冷库等仓储基地转运东盟国家的蔬菜接近 80 万吨。调研还表明，以仓储基地为中心组织物流活动，具有较为出色的仓储设备，确保农产品保鲜，并可提高农产品附加值；但在当下的物流环境中，农产品运输成本普遍偏高。因此，仓储基地主导型供应链应建立健全仓储管理信息系统，平衡全年的仓储利用率，同时注意选址问题，尽量选在物流节点处。该类供应链的功能和程序同物流园区型类似。

（三）农产品出口加工企业主导型供应链

农产品出口加工企业以出口加工农产品为主，企业相关部门

（流通部）联系货代公司（运输公司、物流公司等）签订合同，产品在中国—东盟农产品交易（如南宁或钦州）中心集散，有实力的企业通过东兴口岸陆运至东盟国家，或者通过广西北部湾港（含钦州港区、防城港区、北海港区）海运至东盟国家。一般情况下，农产品加工企业前向联结农户、农业经纪人、合作组织，后向联结托运部、国际货代公司，利用口岸或保税基地，通过本国或外方外贸公司跨境至消费者。2014 年，广西农产品出口加工企业供应链（供应商）出口海产品（如罗非鱼及其制品和冻鲶鱼、蛤及其制品等）累计 3.8 万吨，货值 2.1 亿美元。该类供应链的优点在于：企业发展到一定规模，通过招标运输公司等，形成供应链联盟，且可按客户要求选择农产品集散地；缺点在于：公路方面因周边国家不允许我国车辆装载回运货物，加之国际联运计划经常不能满足，一定程度上加大了农产品跨境运输成本。因此，对于农产品出口加工企业主导型供应链，应积极协调或联合农产品出口（历经）国有关部门或企业，避免"空车"驶回。

（四）国际物流公司主导型供应链

广西是全国开通海陆双线国际运输线路较多的省份之一，加之位于中国—东盟互联互通的主通道，很多物流公司在西南地区乃至全国建立了营业网点，但是专业做农产品出口流通的少之又少，客观原因是农产品出口有标准和资质的特殊要求，主观上说，利润空间有限。如广西北部湾国际港务集团，航运货物以机电产品、钢材、矿石等为主。国际物流公司主要通过原料收购（主要有本地交易市场、外地交易市场等形式）、产品运输、信息处理、产品加工、储存配送及仓储保鲜等功能和程序，将农产品在口岸或保税基地通过本国或外方外贸公司协调，并由该物流公司进一步将该农产品跨境至消费者。2014 年，国际物流公司主导型供应链出口东盟的马铃薯累计 10.3 万吨，占广西鲜薯总产量的 8.2%。该类供应链的优点为可以为客户提供一体化的供应链解决方案，且供应链系统效率较高；缺点为营运利润有限，事实上，大多数国际物流公司都是物流货代公司，只赚取代理费和运费。基于此，国际物流公司主导型供应链应开发物流增值业务，提高利润水平。

（五）口岸主导型供应链

口岸作为一种特殊的国际物流节点，已成为国际货物运输的枢纽之一。截至 2014 年底，广西已建成各类口岸 25 个（其中国家一类口岸 18 个），其中面向东盟的一类口岸有：友谊关与东兴（公路陆路口岸）、凭祥（铁路陆路口岸）、北海（空港口岸）以及防城港、北海港、钦州港（海港口岸）等 7 个。口岸主导型供应链借力本地交易市场，通过受理东盟十国中转换票运输、各站点整车（平板车、集装箱）发运、代理对外贸运输、承接仓储保管等业务、车流信息跟踪服务、自营和代理各类农产品及技术服务进口业务、各类农产品报送报检业务等功能和程序，委托本国或外方外贸公司将农产品跨境至消费者。口岸主导型供应链以出口柑橘、苹果、橙子、柿子、梨、荔枝等鲜果类产品为主，2014 年广西鲜果类产品出口总量为 37.8 万吨，货值 1.5 亿美元。口岸是农产品出口的必经之地，该类供应链能够节约诸多供应链中间环节，农产品流通的效率得到大幅提高，是目前比较推崇和应用最广泛的跨境农产品供应链类型。值得一提的是，口岸主导型供应链应建立不确定性风险（如政治变动、关税变化等）的应对机制，尽量简化通关手续。

（六）批发市场主导型供应链

我国农产品市场的范围主要指：农产品的产地集散市场，消费地的一、二级农产品批发市场，从事批零兼营的农贸市场和销售农产品的各种零售业态。一个完善的农产品批发市场同时也是一个公共物流平台，会集了农产品物流产业链的各种物流功能，已发展成为我国城乡鲜活农产品流通的主要形式，并兼具部分出口功能。广西比较典型的农产品批发市场有：柳邕农副产品批发市场、钦州宏进农副产品批发市场、北海市农产品批发综合市场、南宁五里亭蔬菜批发市场、田阳农副产品综合批发市场等。根据调研结果，中国—东盟（钦州）农产品大市场日均约有 15% 的交易量是由该批发市场通过国际货代公司等直接跨境托运至东盟国家的。综合调研来看，广西农产品批发市场的主要特点是：平均每市交易规模小、以即期现货交易为主、批零兼营相当普遍、服务功能比较单一，原因在于：市场规模小且专业化程度低、配套服务机构（如物流、金融）缺乏、农产品现货价格波动大等。因此，批发市场主导型供应链应加大建设力度，优化布局、完善服务，建立健全价格传导和响应机制。批发市场主导型供应链的功能和程序亦与国际物流公司主导型供应链相仿。

（七）电商平台主导型供应链

电子商务介入农产品流通领域，首先作为渠道对接局部区域生产和广域市场需求，同时借助预售、周期购等销售模式创新可提前获得订单，减少损耗；其次可以构建和重塑农产品品牌，提升产品附加值。如今，微店、O2O、阿里巴巴、京东等电商平台已进军农产品流通领域，其利用互联网把种植（养殖）、加工、销售各个环节连接起来，进入"互联网＋"农产品电商时代。2015年3月，广西首个农村电子商务产业园在南宁启动建设，旨在打造面向东盟的农业生态链、电子商务产业链、农产品跨境供应链，加速推动"电商广西、电商东盟"工程建设。该类供应链可以解决（广西农产品）生产者与（东盟国家）消费者的信息不对称，既增强市场消费信心，又减少了生产的盲目性，解决了广西农产品"卖难、出口更难"问题。作为基于电子商务的新型跨境供应链业态，其势力不可小觑。打开"一淘商城"，查看广西特色农产品的境外网购明细，来自泰国等东盟国家的远程订单不断刷新，但年度总体成交量（额）等数据目前尚无法获取或计算。事实上，如何降低跨境农产品电商物流风险已成为一个亟待解决的大问题。所以，电商平台主导型供应链应利用信息技术确保农产品质量（如追溯系统）、降低供应链风险。

三 跨境农产品供应链的结构及其特点

综上，就跨境农产品供应链的类型而言，主要有物流园区主导型供应链、仓储基地主导型供应链、农产品出口加工企业主导型供应链、国际物流公司主导型供应链、口岸主导型供应链、批发市场主导型供应链、电商平台主导型供应链七种。一般而言，跨境（出口）农产品的境内生产、跨境流通由田间种植及管理、初级产品购备、产品标准化处理或食品加工、产品境内物流与通关、跨境运输（以陆路、水路为主）和东盟市场销售等不同环节和组织载体构成。根据环节和组织载体的不同，结合农产品供应链的一般结构和跨境农产品供应链的主要类型，可将跨境农产品供应链结构划分为五种形式，即物流园区或仓储基地主导型供应链结构、农产品出口加工企业主导型供应链结构、国际物流公司或批发市场主导型供应链结构、口岸主导型供应链结构以及电商平台主导型供应链结构。

（一）物流园区或仓储基地主导型

物流园区或仓储基地主导型结构见图 3-7。该跨境农产品供应链的流程为：（物流园区或仓储基地）原料进购（通过订单农户、非订单农户、市场等形式）—（内部）功能发挥（包括产品运输、信息处理、产品加工、订单处理、储存配送、场地租赁、仓储保鲜等）—（交付）口岸或保税基地—（委托）本国或外方外贸公司—（出口）东盟市场。其主要优点为集散能力强。广西境内的代表性企业（含类企业性质组织，以下统称企业）为：广西（北海）国际农产品物流园有限公司、广西北部湾国际港务集团旗下的玉洞冷库、广西（梧州）农产品物流集散或配送中心等。

图 3-7 物流园区或仓储基地主导型结构

（二）农产品出口加工企业主导型

农产品出口加工企业主导型结构见图 3-8。该跨境农产品供应链的流程为：农户、农业经纪人、合作组织—（前向联结）农产品出口加工企业（后向联结）—托运部或国际货代公司—（交付）口岸或保税基地—（委托）本国或外方外贸公司—（出口）东盟市场。其主要优点为：供应链运作联盟化，集散地点客户可自选。广西境内的代表性企业为：广西（南宁）申加桂农产品进出口贸易有限责任公司、广西（北海）在田农产品进出口有限公司、广西（钦州）九联食品有限公司等。

图 3-8　农产品出口加工企业主导型结构

（三）国际物流公司或批发市场主导型

国际物流公司或批发市场主导型结构见图3-9。该跨境农产品供应链的流程为：（农产品国际物流公司或批发市场）原料进购（通过本地交易市场、外地交易市场等形式）—（内部）功能发挥（包括产品运输、信息处理、产品加工、储存配送及仓储保鲜等）—（在口岸或保税基地）通过协调本国或外方外贸公司进行通关—农产品国际物流公司跨境运输（其中，批发市场主导型还可选择外贸公司进行跨境流通）—（出口）东盟市场。其主要优点为：供应链方案系一体化设计且流通效率高。广西境内的代表性企业为：广西海吉星农产品国际物流有限公司、广西南方农产品物流有限责任公司、广西金桥国际农产品批发市场等。

图 3-9　国际物流公司或批发市场主导型结构

（四）口岸主导型

口岸主导型结构见图 3 - 10。该跨境农产品供应链的流程为：（口岸借力）本地交易市场—（口岸）功能发挥（如受理东盟国家中转换票业务、各站点平板车、集装箱等整车发运、代理对外贸易运输、承接仓储保管等业务、车流信息跟踪服务、自营和代理各类农产品及技术服务进出口业务、各类农产品报送报检业务等）—（委托）本国或外方外贸公司—（出口）东盟市场。其主要优点为：供应链环节少，效率高。广西境内的代表性企业为：友谊关与东兴（公路陆路）口岸、凭祥（铁路陆路）口岸、北海（空港）口岸及防城港、北海港、钦州港（海港）口岸等。

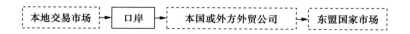

图 3 - 10　口岸主导型结构

（五）电商平台主导型

电商平台主导型结构见图 3 - 11。该跨境农产品供应链的流程为：客户（本书指东盟国家客户，分企业客户、个人客户）—（通过与本国海关联网的）跨境电商平台（下订单）—中国农产品企业（将电子订单、支付凭证、电子运单等实时传输给双边海关，随后在中国将商品打包）—（通过）中国海关和国际物流公司（进行农产品配送）—东盟国家（海关跨境电子商务监管场所并清关）。其主要优点为：供应链信息对称，农产品品种丰富。目前，进军广西的代表性跨境农产品电商企业为淘宝、京东商城、我买网等。

图 3 - 11　电商平台主导型结构

综上，无论哪种形式的跨境农产品供应链结构，都涉及供应链的核心主体，即对外流通或贸易性质的涉农企业（含类企业性质组织），这些统称为跨境农产品供应链核心企业；都涉及供应链的形式，即基于跨境农产品供应链核心企业完整的网链系统，或称联盟系统；都涉及供应链的客体与活动，即（农）产品流、信息流、资金流以及对三者的控制。

第四节　跨境农产品供应链的总体特征

跨境农产品的生物属性、参与主体的复杂性以及跨境流通的服务性决定了跨境农产品供应链的特殊性。

一　生产角度：季节性、易腐性、可加工性、标准性

跨境（出口）农产品生产具有季节性、易腐性。尤其是果蔬类、水产类、谷物类等跨境农产品，具有一定的生长周期；且非制品性的果蔬类、水产类等更需要特殊的物流设施、设备及措施，以保障其"生鲜"程度。此外，跨境农产品还具有可加工性和标准性，一方面使之符合检验检疫和通关要求，另一方面也使跨境农产品供应链的结构和流程存在变化的可能性（其中，跨境农产品类型涵盖了初级农产品、初加工农产品、精深加工农产品三种类型）。

二　参与主体：不稳定性、松散性

较多的参与主体导致了跨境农产品供应链组织结构的不稳定性和松散性。大量相对独立的外向型农业生产者——农户呈分散种植（养殖）状态，规模普遍偏小，且经济、文化差异明显，行为模式存在诸多非理性决策，在整个跨境农产品供应链中常处于弱势地位。同时，跨境农产品供应链各节点的联盟关系也大多处于半松散状态，信任度不够，合作关系比较脆弱。

三　流程：跨境性、动态性、复杂性

跨境农产品供应链的流程具有跨境性、动态性和复杂性。传统的农产品供应链流程一般是本国区域市场即从产地直接到销地的过程，无须海关商检等部门介入。而跨境农产品供应链的运行，由于结构多样，所对应的流程一般是动态的、复杂的，当然也是有所区别的，但出口农产品均须经海关商检才能跨境流通，程序严格而烦琐，特别是那些对通关时效要求非常高的大批量农产品（如鲜果蔬、鲜水产、活禽畜等）影响较大。

需要进一步说明的是，跨境性、不稳定性、松散性、动态性和复杂性等跨境农产品供应链基本特性，也是建构其理论分析框架和进行实证分析时所要考量的重要内容。

第五节　跨境农产品供应链的发展困局

跨境农产品供应链在中国—东盟农业互联互通中发挥着不可替代的重要作用，有效促进了优势特色农产品的跨境贸易流通。然而在实际的运行过程中，前期调研发现：跨境农产品供应链在有效衔接与利润普惠、流通成本与价值增值、市场波动与国际竞争等方面存在或面临诸多问题和挑战。

一　困局一：有效衔接与利润普惠

一方面，农户（家庭）是跨境农产品的生产（种植、养殖）主体，但跨境农产品供应链成员间关系多以"市场买卖关系"为主；另一方面，节点环节上部分小微企业（主要是种植、养殖场和小型加工、流通、销售或贸易企业，含农户）逐渐成为大中型骨干涉农涉外企业的"附庸"。在跨境农产品质量、价格等方面，小微企业尤其是农户基本上没有什么话语权，而大中型骨干涉农涉外企业在跨境农产品供应链中的核心地位越来越明显，"马太效应"凸显，甚至常常出现同一条跨境农产品供应链节点企业的利润转移，核心企业的利益建立在农户和其他节点企业的损失之上。2015年《南国早报》曾报道，广西某跨境农产品供应链核心企业与节点小微企业合作加工荔枝，在收购初中期带动了"链"上荔农供应，并适当提高了鲜荔枝的收购价；但在双方合作结束之时，造成鲜荔枝供过于求，致使荔枝价格大幅下滑，拖欠荔农巨额款资，使得荔农不堪重负。

二　困局二：流通成本与价值增值

跨境农产品大多是由农户生产（种植、养殖）并由其自行先运送到产地批发市场，定时、定量（事前已约定好）交付"链"上节点企业或核心企业（诚然，也有部分节点企业或核心企业直接到地头收购）。之后由核心企业统一调配跨境农产品供应链资源，共同完成本地集配或加工、跨境流通、东盟销售等诸多环节、手续和过程，中转环节多、费用高，造成中国—东盟跨境农产品供应链流通成本居高不下。值得说明的是：一方面，面向东盟的农产品物流体系和海路、公路、铁路等多式联运系统尚未完善，跨境农产品分选包装、冷藏保鲜、冷链物流等设施设备不足，致使跨境农产品尤其是"生鲜三品"质量下降、损耗增加。另一方面，跨境农产品的加工率偏低，供应链环节的价值增值幅度非常有限。

三　困局三：市场波动与国际竞争

一方面，从国际农产品市场来看：当前，包括东盟在内的国际农产品市场供给集中度均较高，大宗农产品主要被少数超大型跨国集团（公司）掌握，带有较强的准垄断性；同时受气候变化、农产品资本化以及生物质能源等综合作用和影响，包括东盟在内的国际农产品市场价格时有波动，不确定性态势加剧。另一方面，从国内农产品市场来看：由涉农涉外核心企业主导的跨境农产品供应链（联盟）普遍存在"多而不大""多而不强"等"短板"，受利益和市场驱使，不同的跨境农产品供应链（联盟）相互之间品源（农产品种植、养殖源头基地）、价格、成员（链上个体成员企业，主要是小微企业和农户）、线路等恶性竞争时有发生。国内外农产品的市场波动和垄断或恶性竞争，给中国—东盟跨境农产品供应链（联盟）及其核心企业的需求和价格发现功能造成严重干扰，大大降低跨境农产品供应链资源配置效率和利益普惠能力。

第六节 小结

跨境农产品供应链概念的演变过程，就是一个跨境农产品供应链内涵在不断被发掘、丰富和精确刻画的历史过程。本书界定的跨境农产品供应链定义为：在中国—东盟自由贸易区（CAFTA）框架下，围绕果蔬、水产、谷物等中国出口（东盟）农产品展开（农）产品流、信息流、资金流的运作，将生产（种植或养殖）、加工、储运、分销等环节的参与成员连接而成的一个具有利益关系和整体功能的网络。其中：

（1）跨境农产品供应链概念并非生来就有，一成不变，与此对应，跨境农产品供应链的生成动因和形成机制也是人们对中国—东盟农业互联互通实践深入了解和系统分析过程中得到的。实质上，跨境农产品供应链是农业外向化下涉农涉外企业应对国内外竞争的一项诱致性制度变迁，其形成机制关键在于专业化市场、地理区位、企业家精神以及深刻的供求、技术和政策背景。

（2）按类型分，跨境农产品供应链主要分为物流园区主导型供应链、仓储基地主导型供应链、农产品出口加工企业主导型供应链、国际物流公司主导型供应链、口岸主导型供应链、批发市场主导型供应链、电商平台主导型供应链七种；按结构分，跨境农产品供应链则主要分为物流园区或仓储基地主导型供应链结构、农产品出口加工企业主导型供应链结构、国际物流公司或批发市场主导型供应链结构、口岸主导型供应链结构以及电商平台主导型供应链结构五种。

（3）跨境农产品供应链是农产品供应链和跨境供应链的有机融合，已成为中国—东盟农产品流通产业转型升级的有生力量。跨境农产品的生物属性、参与主体的复杂性以及跨境流通的服务性决定了跨境农产品供应链的特殊性。从生产、参与主体和流程等角度综合来看，跨境农产品供应链具有跨境性、不稳定性、松散性、动态性和复杂性等基本特征。

（4）跨境农产品供应链的发展总体上属于"波浪式前进、螺旋式上升"阶段，特别是在"一带一路"倡议背景下，涉农涉外企业更加积极和注重统筹国内外农产品市场，通过原产地、标准化等方式，建构安全、稳定、可持续的跨境农产品供应网络。但不容忽视的是，跨境农产品供应链在有效衔接与利润普惠、流通成本与价值增值、市场波动与国际竞争等方面问题或挑战依然突出和紧迫，亟待从理论和实践上探寻困局之因、破解之策，以高度契合"一带一路"倡议和农业"走出去"、农业供给侧结构性改革等国家战略需求。

第四章　分析框架：关系稳定性—联盟
绩效—跨境农产品供应链优化[*]

第一节　基本线索

就目前的情况而言，理论界对于涉农供应链关系稳定性、联盟绩效和跨境农产品供应链优化内在关系及其耦合机理的结合研究还缺乏深度和系统性。多数文献成果主要是针对三者之一的专门性或独立性研究，少数文献涉及了非农供应链或传统农产品供应链（特指某一国内同一属性、品种或区域农产品供应链）中两者之间的影响关系探讨。事实上，无论从供应链、产业链还是价值链的角度来看，关系稳定性、联盟绩效和农产品供应链优化这三者之间都存在着十分密切的关系。作为中国农产品出口东盟并实现"货畅其流"的重要载体和基本形式，跨境农产品供应链能否达到高效、稳健的运行，对于中国农产品出口和整个供应链国际市场竞争力的提高无疑具有十分重要的意义。一直以来，跨境农产品贸易流通的效率就受到供需基础、通关便利化水平、交通物流状况以及供应链组织化程度等诸多因素的影响。然而，随着现代供应链管理理论的发展及应用，特别是对农产品供应

＊本章根据隋博文《关系稳定性、联盟绩效与跨境农产品供应链优化：一个理论框架及变量解释》（《经济与管理评论》2017 年第 2 期，被国务院发展研究中心信息网全文转载）修改而成。

链研究的深入拓展和趋势把握，人们愈来愈感到稳定性，尤其是关系稳定性，对于联盟绩效的重要性（符少玲、王升，2008）。尽管如此，目前对于农产品供应链关系稳定性与联盟绩效间关系的研究仍偏重于探讨传统农产品供应链，尤其是某一国内特定属性或区域农产品供应链关系稳定性对联盟绩效的影响（刘胜春等，2015）。显然，这忽视了农产品供应链的延展性、开放性特别是国际（如跨境）农产品供应链在关系稳定性对联盟绩效的影响过程中所具有的作用。由此，通过综合考量跨境农产品的特征、结合核心企业（含类企业性质组织，下同）的运作实践来系统、深入地研究"关系稳定性—联盟绩效—跨境农产品供应链优化"的关联逻辑就显得非常有意义。

一 分析范式的引入

作为跨境农产品供应链，其关系稳定性主要涉及跨境农产品供应链核心企业主导下的成员合作行为；联盟绩效主要涵盖跨境农产品供应链成员的共同绩效及其分配；供应链优化（维度）主要包括跨境农产品供应链的结构和流程。更为重要的是，供应链理论和流通产业组织理论特别是SCP范式为"关系稳定性—联盟绩效—跨境农产品供应链优化"的统整分析提供了一个全新逻辑视角和多维要素空间。20世纪30年代，哈佛学派梅森和贝恩等最早提出SCP范式，认为市场的结构（Structure）、行为（Conduct）、绩效（Performance）之间存在着单向因果关系；而芝加哥学派施蒂格勒、德姆塞兹等于20世纪70年代则对传统的SCP范式提出批判和修正，强调市场行为与绩效决定了其结构。20世纪80年代以来，国内外学者对SCP框架不断进行拓展或改造，用于分析特定的产业组织问题。由此，通过参考SCP框架及其修正式研究进展，可以初步构建出"关系稳定性→联盟绩效→跨境农产品供应链（结构及流程）优化"的关联逻辑。中国—东盟农业互联互通实践亦表明，在跨境农产品供应链发展过程中，不同的关系稳定性会引发不同的联盟绩效，不同的联盟绩效也会对（跨境农产品）供应链优化提出不同的要求。由此，本书拟将跨境农产品供应链优化、关系稳定性和联盟绩效置于一个系统的框架（或视角）之内，且有别于多数供应链研究者自前向后或者将供应链结构、流程等视作（假设）前提的研究方法。按照跨境农产品供应链"关系稳定性因素→联盟绩效指标→供应链优化维度"的研究路径（见图4-1），进一步将研究对象划分为自后向前且具有密切联系的三个子块：跨境农产品供应链优化的维度系统及其性质、联盟绩效与跨境农产品供应链优化的内在逻辑及关联机理、跨境农产品供应链关系稳定性与联盟绩效的内在逻辑及关联机理。在此基础上，为关系稳定性、联盟绩效和跨境农产品供应链优化的关联逻辑研究构建一个新的分析框架，即关系稳定性—联盟绩效—跨境农产品供应链优化，并对其指标变量进行深入解读。

**图4-1 "关系稳定性—联盟绩效—跨境农产品
供应链优化"的研究路径**

二 逻辑线索的梳理

作为农产品跨境流通的资源性和一体化的载体，跨境农产品供应链优化的实质包括两个维度或方面：第一，跨境农产品供应链的结构。所谓跨境农产品供应链结构，可由农产品供应链结构融入"跨境"概念综合演变而来，一般认为是跨境农产品供应链核心企业通过（农）产品流、信息流和资金流等，与上下游的生产（种植或养殖）、加工、物流、外贸、销售（含分销和零售）等企业（含农户、农业合作社等）共同建立的一种网链结构，该结构具有关系共同体、利益共同体乃至联盟共同体的性质。换句话说，关系稳定性尤其是联盟绩效是跨境农产品供应链结构的现象表征，跨境农产品供应链结构本身与其关系稳定性以及联盟绩效之间存在着紧密的联系。第二，跨境农产品供应链的流程。跨境农产品供应链流程是指跨境农产品供应链核心企业主导下的"田间（种植）收购→出口加工→境内流通运输→口岸检疫与通关→陆（海）路运输→东盟国家口岸→销地流通运输和分销"等一系列环节的布置或安排。该流程拥有信息—共享、过程—同步、合作—互利、交货—准时、响应—敏捷、服务—满意等鲜明特性。综合来看，其与跨境农产品供应链关系稳定性、联盟绩效的联系也较为紧密。

一般而言，供应链要素决定了供应链的结构、流程及其属性和特点。由此，本书对跨境农产品供应链的结构设计和流程操作进行了区分。而目前的文献在论述农产品供应链优化时大多并没有做这种区分。农产品供应链优化作为基于现实的、多方位的、动态且持续的改进过程，从本质上理解，跨境农产品供应链优化无外乎代表着一种科学的供应链要素重构方式，即通过结构和流程的重构实现跨境农产品供应链优化。如果要进行跨境农产品供应链结构和流程优化，就要考察、研判现行供应链水平及其影响因素，进而将分析回溯到其联盟绩效、关系稳定性等中微观层面。

第二节　内在逻辑及关联机理

一　联盟绩效与跨境农产品供应链优化

经济学意义上的联盟是指两个或两个以上的企业（含类企业性质组织）通过正式或非正式协议、契约而结成的优势互补或优势相长、风险共担、生产要素水平双向或多向流动的一种合作模式，旨在实现资源共享、市场共拓、信息共通以提升竞争力水平。跨境农产品供应链联盟是指以跨境农产品供应链核心企业为依托，通过前后向联系生产（种植或养殖）、加工、物流、外贸、销售（含分销和零售）等企业（含农户、农业合作社等）而结成的联合运作、优势互补、利益共享、风险共担的合作模式。跨境农产品供应链联盟作为现代农产品跨境贸易流通企业组织制度的一种创新，已经成为核心企业强化其竞争优势的重要手段。在此基础上，跨境农产品供应链联盟绩效即为跨境农产品供应链核心企业主导下的联盟合作致力于整体水平的提升、分散经营风险、实现规模经济等方面的一个综合性效果。一般来说，核心企业是整个跨境农产品供应链的主导，对整个供应链的运作起着关键和驱动作用，核心企业绩效在很大程度上反映甚至代表了跨境农产品供应链的联盟绩效。

绩效评价一直被看作跨境农产品供应链计划和控制的有机组成部分，对其联盟尤其是核心企业决定未来行动过程有着重要作用。卡尼（Kearney，1985）指出，企业通过综合绩效评价可以提高总体生产率14%—22%。拉里（Larry，1998）提出，企业只有在绩效评价的基础上才能进行有针对性的改进或优化，且评价指标因素是其改进或优化的基本考量。对供应链绩效进行评价的本质是为了对供应链运作进行控制或优化，即评价结果应当服务于控制或优化的目的（李艳芳，2006）。由此，联盟绩效与跨境农产品供应链优化的内在逻辑和关联机理可以表述为：联盟绩效评价是跨境农产品供应链优化的基础和依据，即对跨境农产品供应链（联盟）进行了绩效评价才能够发现其运营过程中存在的问题，才能针对问题对跨境农产品供应链做出改进或优化，才能确保跨境农产品供应链高效、稳健发展。换句话说，通过有效的跨境农产品供应链联盟绩效评价可以加强整个供应链的优势环节，在各类供应链之间，更有针对性地展开竞争，改进、优化绩效差的链条（组），重构具有国际市场竞争力和可持续发展潜力的链条。

二 关系稳定性与跨境农产品供应链联盟绩效

稳定性是一个相对的且内涵极其丰富的概念。物理学认为，当系统处于一种平衡状态并且有序运行则被视为稳定。生态学中的共生理论认为，共生系统本身及其内部系统之间存在着一种自我调控和适应的相对平衡状态，该理论也常被用来解释供应链的运作模式和稳定性问题。Bijulal 和 Jayendran（2008）认为，供应链稳定性是指参与供应链活动的各成员（尤其是核心企业）应对供应链参数变动所表现出的稳健性及自我调控力。供应链关系主要是指供应链范围内的各成员对象所存在的相互关系，它强调的是各节点间的相互作用和相互影响的状态（张翠华、杨佰强，2006）。在此基础上，供应链合作关系的稳定是供应链动态调整或改善中的相对稳定，是一种均衡状态，而非单纯的合作双方或多方交易关系的维持（权小锋、尹洪英，2007；田刚等，2015）；供应链关系稳定性及其平衡状态大致可以划分为六种形式，即相对稳定、状态稳定、动态稳定及有效的稳定、波动的稳定和健康的稳定（唐恺，2007）。一个基本的认知是：供应链的稳定性乃至关系稳定性是相对的，动态性是绝对的。针对跨境农产品供应链，其关系稳定性可以定义为：以核心企业为主导且基于链上成员合作，维护跨境农产品供应链整体绩效最优的联盟关系的正常波动状态和动态平衡。

通常认为，联盟在本质上也是脆弱和不稳定的，主要是因为联盟的契约安排更多的是以信任为基础的隐含契约或心理契约，而非真正意义上的联盟契约，这加大了合作关系的不稳定性，从而影响联盟绩效及其改善。随着供应链管理为越来越多的跨境农产品供应链核心企业所关注并应用到运作实践中去，该供应链关系的稳定与否对整个跨境农产品供应链的联盟绩效的影响也越来越明显。法因斯等（Fynes et al.，2004）指出，供应链关系质量的好坏对供应链绩效有着直接的影响。Narasimhan 和 Nair（2005）的研究结果同样表明，供应链关系对供应链联盟绩效有直接的影响。此外，也有学者关注和探讨了供应链关系稳定性与（联盟）绩效之间的联系，并得出供应链关系稳定性对绩效有直接或积极影响的结论（Yang et al.，2008；毛溢辉，2008；生步兵，2009；曾文杰、马士华，2010；刘琦，2014）。综上所述，跨境农产品供应链关系稳定性与联盟绩效的内在逻辑及关联机理可以表述为：跨境农产品供应链关系稳定性（因素）对联盟绩效有着直接或积极正面的作用，在一定程度上影响甚至决定了联盟绩效。

第三节　分析框架与变量解释

一　分析框架

进一步梳理可以发现：首先，关系稳定的跨境农产品供应链表明该供应链组成要素（节点企业）之间的联盟关系相对稳定，也就是建立在信任与承诺、合作预期、关系资本及利益分配等关系网络上的节点企业相对稳定（Kliebenstein and Lawrence，1995；Boehlje and Schiek，1998；肖为群、魏国辰，2010；陆杉，2012）。跨境农产品供应链的关系稳定性一方面取决于东盟市场需求的稳定性，即在东盟市场的一切需求相对稳定的环境下所形成的跨境农产品供应链关系稳定性较强；另一方面在跨境农产品供应链中的核心企业对其他成员企业具有很强的辐射能力和吸引能力，且经过长期运作（如调整、优化）形成了较强的系统性、一致性和竞争优势的情况下，跨境农产品供应链关系稳定性也较强。其次，联盟绩效（评价）是跨境农产品供应链理论内核的关键问题，前向联结关系稳定性、后向关乎供应链优化（设计）。综观国内外文献，联盟绩效的评价维度主要涉及财务绩效、运营绩效、绿色绩效等方面，其中成本和效益是考查跨境农产品供应链财务绩效的基本指标、运营绩效即对跨境农产品供应链运营过程的效率进行衡量、绿色绩效主要涉及资源节约的非财务绩效和废物排放减少的绩效等（Roep，2007；Manikas and Manos，2008；宋巧娜，2012；王勇、邓旭东，2015）。而在中国—东盟跨境农产品供应链的理论分析和运作实践中，一般认为核心企业的绩效对跨境农产品供应链联盟绩效起着关键性作用（Kramer，2005；张敏，2004；张学志、陈功玉，2009）。所以，也可以通过跨境农产品供应链中核心企业绩效（主要包括财务绩效、运营绩效和绿色绩效）评价来大致描述和反映跨境农产品供应链的联盟绩效。最后，跨境农产品供应链优化（设计）作为该理论进程的目标导向，有利于农产品供应链理论研究的国际化和实践化，同时也是"关系稳定性—联盟绩效—跨境农产品供应链优化"逻辑框架的终端环节。通过文献检索发现，农产品供应链优化（设计）的重要维度或层面为结构与流程（孙炜等，2004；杨为民，2006；叶军等，2015；刘助忠、龚荷英，2015）。目前，中国—东盟跨境农产品供应链仍然存在着环节多、效率低、资源浪费及整体水平不高等诸多问题，特别是跨境农产品供应链的结构又是复杂的网状结构，除了核心企业外，还包括了众多其他环节和组织载体，因此，如何通过跨境农产品供应链绩效水平的评测结果，对跨境农产品供应链结构及流程进行优化并建立动态合作（联盟）关系，是核心企业降低供应链成本、持续改进运营质量的重要途径。

从理性经济人角度而言，跨境农产品供应链优化是核心企业在联盟绩效最优驱动下，根据关系稳定性、联盟绩效及其影响机理进行的结构、流程重构活动（Christopher and Ryals，1999；Ahumada and Villalobos，2009）。可见，核心企业只有综合考虑关系稳定性、联盟绩效及其影响过程中的各种因素之后，才会做出是否和如何优化跨境农产品供应链的决策。通过对国内外相关文献的查询和梳理，以及对国内农产品供应链领域相关专家的访谈，本书将跨境农产品供应链关系稳定性因素分为承诺与信赖、联盟预期、关系资本及利益分享四个方面，联盟绩效评价测度分为财务绩效、运营绩效、绿色绩效三个方面，供应链优化维度分为结构和流程两个方面。依据上述讨论，并参考了 Yang 等（2008）、毛溢辉（2008）、生步兵（2009）、刘琦（2014）以及李艳芳（2006）等概念或优化模型，本书构建了"关系稳定性—联盟绩效—跨境农产品供应链优化"的理论分析框架（见图 4 - 2）。

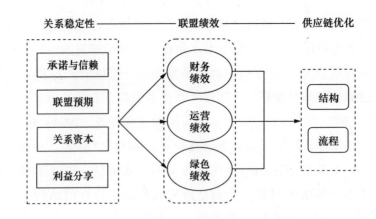

图 4 - 2 "关系稳定性—联盟绩效—跨境农产品
供应链优化"的分析框架

二 变量解释

（一）跨境农产品供应链关系稳定性

国内外学者普遍认为，承诺与信赖、联盟预期、关系资本及利益分享是供应链关系稳定性的关键指标。①承诺与信赖。诸多学者（Ellram and Cooper，1990；Doney and Cannon，1997；Chen and Paulraj，2004；Lewis，2013；刘朝刚、马士华，2007；Yang et al.，2008；陈耀、生步兵，2009；马斌、张国艳，2011；霍宝锋，2013）均指出，供应链合作关系的维系离不开成员间彼此信赖，成员承诺及信赖是保持供应链关系稳定的基础，即承诺与信赖对供应链关系稳定性有直接影响。从供应链关系来看，承诺是一方相信其合作方或交易方愿意而且能够完成任务而做出的契约或非契约形式的保证或允诺；而信赖是跨境农产品供应链成员一方对于合作伙伴的能力的信任或认可。关于跨境农产品供应链承诺与信赖的测量，这里考虑从承诺与契约、利益权衡与考量、联盟经验与企业信誉、联盟后投资规模四个方面进行测量（Chen and Paulraj，2004；李秀起、赵艳萍，2010）。②联盟预期。大部分学者（Das and Teng，1998、2000；Yan and Zeng，1999；Zeng and Chen，2003；陈菲琼、范良聪，2007；杜玉申等，2012）普遍认为合作（联盟）关系预期对供应链关系稳定性有直接影响。联盟预期，这里考虑从联盟关系意愿（主观）、联盟不确定性（客观）两个方面进行测度，其中：联盟关系意愿即为联盟伙伴长期合作的愿景和期许，而联盟不确定性则涵盖联盟成员（企业）实力差异程度（或称实力对等度）、联盟成员（企业）资源和技术等方面的互补性、联盟伙伴农产品品质和附加值提升度以及跨境农产品价格、质量和市场对供应链企业的影响程度四个方面（谭涛，2004）。③关系资本。学者们（Morgan and Hunt，1994；Kale et al.，2000；Yang et al.，2008；陈耀、生步兵，2009；陆杉，2012）提出，关系资本对供应链关系稳定性有直接影响。在关系资本的测量方面，这里考虑从供应链企业经常性合作深度、合作伙伴决策机制的互通性、合作企业信息共享性三个方面进行测量（Collins and Hitt，2006；Carmeli and Azeroual，2009；陈耀、生步兵，2009）。④利益分享。还有学者（Maloni and Brown，2006；刘朝刚、马士华，2007；赵晓飞、李崇光，2008；刘璐琳，2010；马斌、张国艳，2011；高强、穆丽娟，2015）强调，合作（联盟）收益及利益分享也是影响供应链关系稳定性的重要指标。跨境农产品供应链合作收益既包括直接收益（如跨境农产品深加工和农技服务的收益、农技转让收益和附加利润等），亦包括间接收益（如联盟企业信誉、跨境农产品品牌及东盟消费者忠诚度等无形资产）。而影响跨境农产品供应链（联盟）合作收益或利益分配（分享）的因素主要有成员投入成本、贡献水平、风险水平等。一般来说，核心企业（含类企业性质组织）在跨境农产品供应链中投入的成本较其他非核心企业要高得多（尤其是在专用性资产投资方面），它们所面临的诸如市场、资金、经营等内外部综合风险也更大，从理论上说，其利润（利益）分成占比也应最大。由此，这里考虑从成本投入—利润分成、收益贡献—利润分成、供应链推动力—利润分成、风险水平—利润分成四个方面进行收益分享的测量（毛溢辉，2008）。

（二）跨境农产品供应链联盟绩效

联盟绩效评价是当前供应链、农产品供应链领域研究热点之一，综观国内外文献，学者们主要从财务绩效、运营绩效、绿色绩效等角度解释和衡量联盟绩效。①财务绩效。在供应链运作实践中，成本和利润通常作为考查该供应链财务绩效的基本指标。科思和利文索尔（Cohen and Levinthal，1990）和卡姆等（Camm et al.，1997）将"成本最小化"列为供应链财务绩效评价目标。Altiok 和 Ranjan（1995）认为，"库存水平（数量）最小化"是衡量供应链财务成本绩效的重要过程指标。此外，成本（Neely et al.，1995）、营业利润率和资产周转率及现金周转率等（王冬梅、吕本富，2010；李占雷、史江亚，2014）也被纳入供应链财务绩效评价体系。这里考虑从供应链成本、库存水平、（东盟市场）销售利润率、资金周转率四个关键衡量指标来表示跨境农产品供应链财务绩效水平。②运营绩效。运营绩效主要揭示的是跨境农产品供应链运营过程的效率问题。著名的 SCOR 模型（即供应链运作参考模型）中的十一项绩效指标中，供应链响应时间、订货满足率、交货率及生产柔性等为运营绩效指标。拉默斯等（Lummus et al.，1998）指出，供应链运营绩效的测量可从供应、过程管理、交货运送、需求管理四个方面进行。赫尔（Hull，2005）认为供应链运营绩效涵盖了市场响应速度、供应能力利用率、交货速度、生产柔性四个方面的考核指标。这里考虑从交货（跨境农产品交接）提前期、响应速度、交货（跨境农产品交接）准确率、生产（含跨境农产品加工）柔性和订单完成率五个关键指标来衡量跨境农产品供应链运营绩效水平。③绿色绩效。随着国际社会对绿色流通产业的重视，"绿色经营"正深入跨境农产品供应链运作的每一个环节。从供应链的角度而言，供应链绿色绩效是指供应链运营活动由于符合"低碳、绿色、节约"的供应链要求和采取环境污染治理措施而取得的成绩及效果。绿色绩效是供应链实现联盟可持续发展的重要一环（夏芸，2005）；农产品供应链绿色绩效包括 ISO14000 系列认证、对上下游供应链成员的环境管理等（高艳等，2012）。ISO14031（即国际标准化组织发布的环境绩效评价标准）与 ISAR（国际会计和报告标准政府间专家工作组）发布的环境绩效指标涵盖了环境状态、排放物和废弃物、投入、资源耗费等绿色经营要素。可以说，绿色绩效主要涉及绿色环境属性和绿色技术投入这两个方面。这里考虑从单位农产品的能源损耗、废弃资源回收率和绿色技改销售投入比三个关键指标来衡量跨境农产品供应链绿色绩效水平。

（三）跨境农产品供应链优化

农产品供应链结构复杂、流程烦琐，学者们也主要从结构、流程两个维度进行优化或重构。陈剑、黄朔（2002）指出，供应链必须经过研判和考量，根据具体情况选择合适的供应链结构和流程。①结构。跨境农产品供应链结构即为组成跨境农产品供应链整体的各个部分的联结与构造。克雷默（Kramer，2005）认为，农产品供应链结构的动态性、风险性和不确定性可能来自农产品供应链的运作过程、管理水平甚至技术层面。此外，作为网链结构的农产品供应链，除了消费主体、生产主体外还包括了众多中间环节，所谓结构优化即为厘清结构关系、减少结构层次、重构结构组织等（孙炜等，2004；叶军等，2015）。农产品供应链结构优化应该向资源整合、信息共享、技术互补等方向发展（杨为民，2006）。②流程。跨境农产品供应链流程即为跨境农产品生产、加工、流通、销售等供应链环节及其次序安排。而农产品供应链流程优化则是通过供应链主体创新、减少流通中间环节、促进供应链商物分流以及建立健全供应链主体利益联结机制等方式对原有流程进行优化（王腾飞等，2013）。2009 年美国供应链管理专业协会（CSCMP）重新修订了涉及计划、采购、制造、交付、回收、执行六个部分的供应链流程标准，即《供应链管理流程标准（2009 年版）》，虽然该标准主要适用于工商产品，但也为跨境农产品供应链流程优化提供了参考。这里借鉴集成、核心（主导）、分工等思想并结合关系稳定性与联盟绩效因素的约束或要求对跨境农产品供应链（结构及流程）

进行集成式和独立式优化（设计）。

由此可见，影响跨境农产品供应链关系稳定性的因素主要为承诺与信赖、联盟预期、关系资本和利益分享；测度跨境农产品供应链（联盟）绩效的指标主要为财务绩效、运营绩效和绿色绩效；优化（整合）跨境农产品供应链的维度主要为结构和流程。结合"关系稳定性—联盟绩效—跨境农产品供应链优化"理论分析框架，可以把上述因素（指标、维度）概括性地归纳为三类并放置在一个三维结构图中（见图 4-3）。

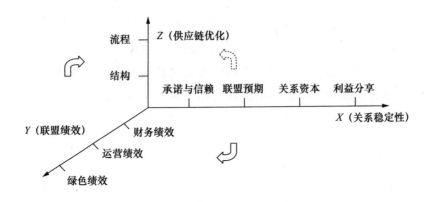

图 4-3 基于变量解释的分析框架三维结构图

第四节 小结

跨境农产品供应链伴随中国—东盟双边农产品贸易需求而产生，伴随中国—东盟跨境农业经济合作而发展，但同时面临迫切的整合（或优化）困境和强大的竞争压力。跨境农产品供应链以其提供的系统化、专业化、集成化供应链服务，促进农产品出口有序发展，是中国—东盟农产品流通产业发展的基石。

事实上，联盟绩效（评价）是跨境农产品供应链理论内核的关键问题，前向联结关系稳定性、后向关乎供应链优化（设计）。跨境农产品供应链优化问题的核心则是如何有效地提升联盟绩效及供应链整体水平，而从前面的分析来看，关系稳定性（因素）对跨境农产品供应链联盟绩效有直接影响、联盟绩效评价是跨境农产品供应链优化的诊断基础。其中，跨境农产品供应链关系稳定性的关键指标为承诺与信赖、联盟预期、关系资本与利益分享，跨境农产品供应链联盟绩效的关键指标为财务绩效、运营绩效及绿色绩效，跨境农产品供应链优化的基本维度为结构和流程。这也就意味着跨境农产品供应链优化问题的持续解决与整体供应链系统的改善和稳定程度密切相关，核心企业在调整跨境农产品供应链时必须考虑关系稳定性、联盟绩效等一系列相关问题，必须要有系统思维和逆向思维。诚然，本章所构建的"关系稳定性—联盟绩效—跨境农产品供应链优化"理论分析框架，还有待于进一步的实证检验与策略选择。

第五章 实证分析Ⅰ：跨境农产品供应链关系稳定性的影响因素[*]

第一节 引言

跨境农产品供应链（Cross–border Agri–food Supply Chains，CASCs）是指在中国—东盟自由贸易区（CAFTA）框架下，围绕果蔬、水产、谷物等中国出口（东盟）农产品展开（农）产品流、信息流、资金流的运作，将生产（种植或养殖）、加工、储运、分销等环节的参与成员联结而成的一个具有利益关系和整体功能的网链结构。随着中国与东盟农产品零关税引发的跨境农业合作和流通产业变革的到来，无论是西南地区涉外涉农企业还是内陆腹地涉农涉外企业都在积极部署，力争提升跨境农产品供应链关系稳定性和东盟市场竞争力。对我国而言，在与东盟国家共建"21世纪海上丝绸之路"的背景下，作为具有鲜明出口导向或目标的跨境农产品供应链，代表了我国涉农涉外企业市场拓展的重要方向，其关系稳定性也越来越受到我国政、商、学界的普遍关注。跨境农产品供应链具有不稳定性、松散性、动态性等特征，是一项多主体（成员）参与、多要素约束的复杂的系统工程，受到跨境农产品供应链内外部

*本章根据隋博文《跨境农产品供应链关系稳定性影响因素研究——基于广西—东盟的实证分析》（《当代经济管理》2016年第7期）修改而成。

多因素的影响和综合作用。因此，识别出跨境农产品供应链关系稳定性的关键影响因素，明确不同因素对跨境农产品供应链关系稳定性的影响程度和作用路径，对有效实施农业"走出去"战略和提升跨境农产品流通效率具有重要意义。

　　综观国内外文献，跨境农产品供应链的相关研究成果较少，而学术界对供应链、农产品供应链关系稳定性的关注却催生了很多研究成果。其中，内部因素包括：①承诺与信赖。有学者认为，承诺与信赖是供应链关系稳定性的重要影响因素，如 Yang 等（2008）指出，供应链合作关系的维系离不开成员间彼此信赖；许淑君和马士华（2002）认为，相互信赖对供应链企业间的合作关系具有促进作用；覃汉松和欧阳梓祥（2002）认为，供应链合作关系的建立、维系和发展是以相互信赖为基础的；霍宝锋（2013）提出成员间承诺及信赖是保持供应链关系稳定的基础；陈耀和生步兵（2009）通过实证研究发现，承诺与信赖对供应链关系稳定性有直接影响；史丽萍等（2014）通过实证研究亦表明，成员间忠诚性承诺可以显著降低供应链伙伴合作脆弱性。②联盟预期。丁宁（2014）提出，联盟预期即为对联盟（合作）关系的长远意愿和联盟（合作）不确定性等主客观方面做出的权衡与规避；Das 和 Teng（2000）、Zeng 和 Chen（2003）指出，联盟预期是供应链关系稳定性的基本测度之一；陈菲琼和范良聪（2007）、杜玉申等（2012）认为，联盟（合作）预期在供应链关系稳定性方面发挥着重要作用。③关系资本。Kale 等（2010）指出，关系资本具有强连带性、伙伴锁定性等属性，是供应链关系稳定性的重要考量；陆杉（2012）通过实证研究发现，关系资本对供应链的协同运行与关系稳定等方面具有重要影响。④利益分享。马洛尼和布朗（Maloni and Brown，2006）提出，合作（联盟）收益及利益分享的合理与否关乎供应链关系稳定性的存续；刘峥和徐琪（2013）指出，合理有效的利益分享机制对供应链关系稳定的存续发展起着决定性作用。刘朝刚和马士华（2007）、高强和穆丽娟（2015）也认为，建立健全利益分享机制对供应链、农产品供应链关系稳定性至关重要。特别是在"家庭农场（养殖大户）＋龙头企业＋超市"模式下，猪肉供应链中超市的收益要远高于屠宰加工企业和养殖大户，这极大地影响了猪肉供应链关系稳定和可持续发展（黄勇，2017）。

供应链外部因素（环境）对农产品供应链、跨境农产品供应链关系稳定性具有重要影响作用。Vidal 和 Goetschalckx（1997）指出，营商和法律（法规）环境、经济与社会文化条件以及政策（制度）的稳定性等都是影响全球供应链活动的关键性因素。①市场结构。斯托克（Stokke，2009）指出，在农产品跨境流通贸易中，终端市场结构应给予重点考虑，其对出口国企业所主导的整个产业链合作稳定影响巨大。张西林（2015）认为，基于简单的市场结构而组成的农产品供应链关系稳定性较强。②市场竞争。在经济全球化和企业国际化时代，跨国企业为了克服产业内日益激烈的竞争环境会不断强化全球供应链伙伴关系（Venkatraman，1989）。罗必良等（2012）提出，境外农产品市场的激烈竞争及其对跨境供应链各环节无缝链接、产品（含服务）质量等严苛要求，对农产品跨境供应链（合作）关系稳定性造成冲击。孟雷（2013）认为，市场竞争的加剧一定程度上会促发农产品供应链合作关系的解体。③政策法规。谭晶荣等（2015）指出，销地国家贸易、金融等政策的调整对出口（国）企业供应链系统关系稳定性的波动影响较为突出。Hua（2009）认为，农产品进出口双边（国家）经济状况、产业政策、贸易法规等环境条件对跨境农产品供应链联盟的稳定合作与运营均具有重要影响。④技术支持。萨林（Salin，1998）指出，信息和通信技术对农产品供应链的协作发展相当重要。周丹和王德章（2015）、刘助忠和龚荷英（2015）认为，建立良好信息互联网络的农产品供应链关系稳定性较强。熊峰等（2015）认为，科学管理方法或技术的运用有利于农产品供应链联盟的长期合作与关系稳定。此外，黄祖辉等（2005）还强调指出，营销与竞争、公共政策、技术支持和组织成熟度等是影响生鲜供应链合作与管理的主要制约因素。

上述关于农产品供应链关系稳定性影响因素的探讨，涉及整个链条内外部多种因素，涵盖承诺与信赖、联盟预期、关系资本、利益分享等内部因素和市场结构、市场竞争、政策法规、技术支持等外部环境，多数文献是通过描述分析或实证研究，以某一因素或内（外）部相对独立因素解释影响关系稳定性的作用机理和作用效果，而从供应链内外部综合因素这一视角系统研究影响跨境农产品供应链关系稳定性的文献较少，同时缺乏内外部各因素对跨境农产品供应链关系稳定性影响程度的实证研究。由于跨境农产品供应链关系稳定性受供应链内外部复杂因素影响，因此，综合考虑各主体要素及其效应关系，对多因素及其影响程度进行全面系统的考察，建立各因素作用于跨境农产品供应链关系稳定性的系统结构模型，结合问卷调查结果（即样本数据）运用结构方程、因子分析法检验和揭示各因素对其关系稳定性的影响，进一步明确跨境农产品供应链关系稳定性的关键影响因素及其作用机理，可为中国—东盟跨境农产品供应链关系稳定性关键要素管理与控制提供决策支持。

第二节　关系稳定性影响因素及其假设

一　内部因素及其假设

跨境农产品供应链关系稳定性在一定程度上受供应链内承诺与信赖、联盟预期、关系资本、利益分享等因素的影响，具体归纳为四个方面。

（1）承诺与信赖：跨境农产品供应链是具有不确定性和风险性的供应链，核心企业随时面临着资金周转缓慢、农产品保鲜不当、市场环境异动等复杂情况，那么供应链成员的相互承诺与彼此信赖就成为化"险"为"机"并维持关系稳定的重要基石。承诺与信赖主要包括承诺与契约、利益权衡与考量、联盟经验与企业信誉和联盟后投资规模。

假设 H1：承诺与信赖对跨境农产品供应链关系稳定性有显著影响。

（2）联盟预期：联盟预期主要包括两个测度，即主观的联盟（合作）意愿和客观的联盟（合作）不确定性。联盟预期主要包括联盟（合作）持续性愿景、联盟成员实力差异程度（即实力对等度）、联盟企业（含类企业性质组织）资源和技术的互补性、联盟成员农产品品质和附加值提升度以及跨境农产品价格、质量和市场对供应链企业的影响程度。

假设 H2：联盟预期对跨境农产品供应链关系稳定性有显著影响。

（3）关系资本：依据公平对等原则并在规范、公开和坦诚交易基础上建立的跨境农产品供应链联盟（合作）关系网络即为关系资本，其中各成员为形成关系资本而投入的人、财、物（力）总和构成了关系资本的成本。关系资本主要包括成员企业经常性合作频度、合作伙伴决策机制的互通性、合作企业信息共享性。

假设 H3：关系资本对跨境农产品供应链关系稳定性有显著影响。

（4）利益分享：利益分享作为供应链联盟关系"红利"的成员惠及，对跨境农产品供应链关系稳定性有着"指南针"和"晴雨表"的作用。利益分享主要取决于成本投入、收益贡献、供应链推动力以及风险水平。

假设 H4：利益分享对跨境农产品供应链关系稳定性有显著影响。

二 外部因素及其假设

跨境农产品供应链关系稳定性除了受到内部因素的直接影响外，还会受到外部因素的一些作用，进而约束或抑制"货畅其流"。这些外部因素可能是进口国家农产品市场结构状况、市场竞争态势以及经济产业政策、贸易法律法规等，也可能是出口（国）企业供应链系统的技术及平台支持等。跨境农产品供应链关系稳定性的外部影响因素也归纳为四个方面。

（1）市场结构：跨境农产品供应链作为销地国家进口农产品的供应链，而终端市场结构作为进口国农产品现有市场及其规模、产品属性等所形成的一种综合状态决定了跨境农产品供应链深入该市场的难易程度。市场结构主要包括供求比例、产品差异、价格趋向等。

假设 H5：市场结构对跨境农产品供应链关系稳定性有显著影响。

（2）市场竞争：跨境农产品供应链的挑战不仅来自销地（国家）农产品供应链的强劲冲击，还来自产地（国家）甚至同一产地（国家）其他跨境农产品供应链的竞争，并通过这种冲击或竞争实现跨境农产品供应链的优胜劣汰。市场竞争因素主要包括产品质量、广告营销、服务水平等。

假设 H6：市场竞争对跨境农产品供应链关系稳定性有显著影响。

（3）政策法规：当双边（特指进出口国）农产品流通贸易政策或法律法规发生变化时，往往会对跨境农产品供应链上成员（尤其是核心企业）合作稳定性等多项业务活动产生影响。政策法规主要包括贸易法规、流通标准、补贴政策、汇率安排等。

假设 H7：政策法规对跨境农产品供应链关系稳定性有显著影响。

（4）技术支持：跨境农产品供应链作为物质流、资金流、信息流、增值流、业务流以及成员伙伴关系的集合体，通过一定技术（或平台）实现成员伙伴间的密切合作和关系稳定，以达到跨境农产品供应链（管理）的目标，即以最小的成本及费用提供最大的价值与最好的服务。技术支持主要包括信息技术、管理技术等。

假设 H8：技术支持对跨境农产品供应链关系稳定性有显著影响。

结合上述跨境农产品供应链内、外部因素的梳理分析，构建跨境农产品供应链关系稳定性影响因素的系统结构模型（见图5-1）。

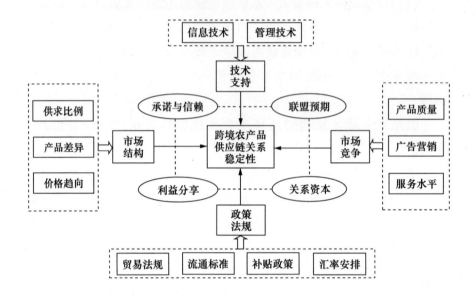

图5-1 跨境农产品供应链关系稳定性影响因素的系统结构模型

第三节 结构方程模型构建及问卷分析

跨境农产品供应链关系稳定性作为多因素作用的一种结果表达，显然，不同因素对跨境农产品供应链关系稳定性的影响是有差异的。而结构方程模型正是对多个因变量进行假设检验的一种统计建模方法，可同时考虑并处理多个因变量，且具有容误性、弹性大等特点，在揭示变量作用（或效应）关系和影响程度方面优势突出。因此，采用结构方程模型，可以利用问卷调查结果验证各变量的影响并识别关键因素，即明确各因素对跨境农产品供应链关系稳定性的影响程度并识别出关键影响因素。

一　模型构建

结构方程建模的第一步即为设定（估计）模型，本书采用跨境农产品供应链关系稳定性影响因素路径图来描述模型。在结构方程模型的路径图中，观测变量（又称测量变量）是以长方形来表示的，潜变量（即潜在变量）以椭圆形的符号来表示；线条表示两变量之间有"关系"（其中，单箭头表示效应关系、双箭头表示交互关系），没有线条则暗含两变量之间无直接关系。

当一个潜变量作为内生变量时，称为内生潜变量（用希腊字母 η 表示），内生潜变量的标识一般用 y 表示；相对地，当一个潜变量作为外源变量时，称为外源潜变量（用希腊字母 ξ 表示），而外源潜变量的标识一般则用 x 表示。图 5 – 2 中跨境农产品供应链关系稳定性的外源潜变量有 4 个，即技术支持（ξ_2）、市场结构（ξ_3）、政策法规（ξ_4）和市场竞争（ξ_5）。

潜变量之间效应关系的结构方程为 $\eta = B\eta + \Gamma\xi + \zeta$，其中：$B$ 和 Γ 分别为内生潜变量（η）与外源潜变量（ξ）的系数矩阵，ζ 为内生潜变量无法被完全解释部分的估计误差，β 和 γ 为路径系数；而两个反映测量模式的一般方程为 $Y = \Lambda y\eta + \varepsilon$、$X = \Lambda x\xi + \delta$，分别表示内生标识标量（承诺与信赖、联盟预期、关系资本以及利益分享）和内生潜变量之间的关系、外生标识标量（市场结构、市场竞争、政策法规以及技术支持）与外生潜变量之间的关系，其中：Λx 与 Λy 均为因子负载矩阵，ε 和 δ 为观测误差。

二　数据收集

数据收集采用问卷调查方式。调查研究样本来自广西—东盟跨境农产品供应链核心企业（含类企业性质组织），被调查人员对跨境农产品供应链的运作情况熟悉，涉及生产商（含农户）、加工商、物流商、外贸商等。2015 年 11—12 月，采用实地访谈方式发放问卷 200 份，回收 192 份，其中无效（主要是相关项目回答信息不完整）问卷 30 份，最后得到有效问卷 162 份，有效问卷回收率 81.0%。本次调查问卷共设置题项 16 个，量表采用 Likert（李克特）五点计分法（即非常同意、同意、不确定、不同意、非常不同意），反映如前所述 8 个因素（即承诺与信赖、联盟预期、关系资本、利益分享以及市场结构、市场竞争、政策法规、技术支持）对跨境农产品供应链关系稳定性的影响程度。

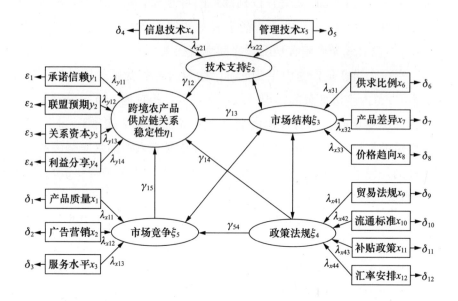

图 5 - 2　跨境农产品供应链关系稳定性影响因素路径示意

三　样本分析

为了确保检验结论的可靠性和有效性，在统计分析之前，需要对问卷的信度进行分析。本书采用较为常用的克朗巴哈系数法（Cronbach's Alpha，α 系数），测定的 α 系数为 0.716（介于 0.6 和 0.8 之间），表示该量表的信度是可以接受的。此外，还需要对数据进行降维，本书采用因子分析法（即把一些具有错综复杂关系的变量归结为少数几个无关的新的综合因子的一种多变量统计分析方法）利用少数几个独立的非观测变量来反映数据的基本结构及其主要信息。

借助 SPSS17.0 对数据进行标准化处理并分别进行因子分析，得到的 KMO（Kaiser – Meyer – Olkin）值为 0.563（介于 0.5 和 0.7 之间），表示可以进行因子分析。

从表 5 – 1 可以看出，（参与）因子分析的 8 个变量的共同度都较高（均大于 0.8），表明 8 个变量中的绝大部分信息是能够被因子所提取的，也就是说本次因子分析的结果是有效的。

表 5 – 1　　　　　　　　　　　公因子方差

变量	初始	提取
承诺与信赖	1.000	0.892
联盟预期	1.000	0.867
关系资本	1.000	0.898
利益分享	1.000	0.873
市场结构	1.000	0.885
市场竞争	1.000	0.869
政策法规	1.000	0.870
技术支持	1.000	0.851

从图 5 – 3 可知，承诺与信赖、联盟预期、关系资本及利益分享斜率较大，因此均为主因子。

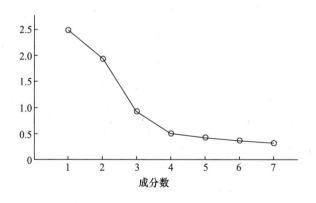

图 5 – 3　碎石图

四 模型适配度检验

适配度指标是评价假设的路径分析模型（图）与问卷调查结果（样本数据）是否相互适配，即假设的模型图与样本数据的适配可能性大小。本书选取 2 个绝对适配度指标：GFI（Goodness – of – Fit Index）和 AGFI（Adjusted GFI），其数值介于 0—1，值越大（越接近于 1）表明拟合越佳，即适配度越高。CFI（Comparative – Fit Index）指数反映了假设模型与无任何共变关系的独立模型差异程度的量数，取值介于 0—1，值越大（越接近于 1）同样表明拟合越佳，即适配度越高。PGFI（Parsimony GFI）是简约适配度指标的英文简称，其量值一般以 0.50 为最低门槛。

从模型的评价指标来看，本书所构建的跨境农产品供应链关系稳定性影响因素的分析模型从统计上是可以接受的，模型指标见表 5 – 2。

表 5 – 2　　　　　　　　　　　评价指标

指标	模型适配度标准	本模型适配值
GFI	> 0.90	0.92
AGFI	> 0.90	0.96
CFI	> 0.90	0.95
PGFI	> 0.50	0.61

五 假设检验结果

通过对广西—东盟跨境农产品供应链样本数据的结构方程模型进行分析，得到潜变量与潜变量间的回归系数（即路径系数），并根据系数分析判定结果参数是否通过显著性检验，说明该两变量之间关系是否显著。本书的结构方程模型路径系数及假设检验结果见表 5 – 3。

表 5 - 3　　　　　　　　　　　路径系数

假设变量	路径系数 r	P 值	检验结果
H1	0.576	<0.05	显著
H2	0.449	<0.05	显著
H3	0.381	<0.05	显著
H4	0.383	<0.05	显著
H5	0.395	<0.05	显著
H6	0.417	<0.05	显著
H7	0.436	<0.05	显著
H8	0.360	>0.05	不显著

第四节　小结与管理启示

通过结构方程和因子分析对各个假设进行验证分析，结果表明：承诺与信赖、联盟预期、关系资本、利益分享以及市场结构、市场竞争、政策法规都与跨境农产品供应链关系稳定性有着密切的关系，即假设 H1—H7 都是成立的。与预先假设模型相比，最终模型除了技术支持与跨境农产品供应链关系稳定性路径关系不显著外，其他要素之间的路径关系与原假设模型所预期的路径关系基本一致，而且承诺与信赖、联盟预期、关系资本、利益分享都达到了非常显著的水平。

通过本章研究可以得到以下管理启示：

（1）承诺与信赖作为跨境农产品供应链关系稳定性的基础，要不断探索适合供应链稳定的合作方式、契约机制，进一步巩固和拓展供应链成员间信赖的深度和广度，并形成互补互动的良性循环。共守承诺、彼此信赖是跨境农产品供应链关系稳定性的重要基础，无承诺或承诺流于形式甚至成员间信赖程度低将导致跨境农产品供应链稳定性差或弱，因此，为了维护承诺与信赖，跨境农产品供应链核心企业应从价值认同、目标认同等多方面去强化彼此信赖，从合约共赢角度出发维护组织承诺，重视把握契约精神和尺度、注重培育及发展成长性承诺、实现信赖与承诺的协调均衡，从而促进跨境农产品供应链关系持续稳定。

（2）对于跨境农产品供应链成员来说，联盟不仅是单纯的一种合作，更多的是给予了成员间相对稳定的关系预期。一方面，联盟预期是确定联盟（关系）意愿和减少联盟（合作）不确定性的重要方式；另一方面，联盟预期是一项系统化和细节性的结果导引，跨境农产品供应链成员尤其是核心企业想要取得目标效果，就必然要在前期确定联盟预期。所以，作为跨境农产品供应链核心企业，应在联盟（关系）框架下，统一跨境农产品供应链成员协作、整体目标或共同愿景，加强成员间资源、能力互补性和协调性建设，平衡成员间实力等次，避免竞争力量的差异过大。

（3）关系资本作为跨境农产品供应链成员间建立的关系网络及其带来的资源和信息优势，对于以核心企业为依托的跨境农产品供应链关系稳定性具有显著的影响作用。一般来说，跨境农产品供应链核心企业是通过对出口农产品及其信息流、资金流的综合管控来实现跨境流通目标的，这就需要所有成员间深度且全方位的合作以及信息、决策的及时互联互通。为此，跨境农产品供应链成员要树立"合作共赢"的理念、"互联互通"的意识，核心企业要健全集（农）产品流、信息流、资金流于一体的沟通、联通机制，巩固和拓展该关系网络，最大限度发挥关系资本在跨境农产品供应链关系稳定性中的作用。

（4）利益分享不仅是跨境农产品供应链关系稳定性的核心驱动力，而且是研判稳定关系持续性的重要试金石，实证表明利益分享确实发挥了显著的作用。由此，为了进一步扩大利益汇合点，构建分配新模式，更好地发挥合作利益及利益分配的杠杆和激励作用，针对当前跨境农产品供应链存在的利益联结机制形式松散、内部治理机制不规范等问题，核心企业应积极探索适应新形势、新要求的跨境农产品供应链利益联结机制，因地制宜、因时制宜，激活供应链主体要素，按照"风险共担、利益共享"的原则，通过土地（如田间地块、仓储基地）、劳动力（如农户、车辆、船舶）、资金（如现金、资本、资产）、技术（如种植、加工、包装、冷藏）等入股分红方式，建立健全跨境农产品供应链利益分享机制。

（5）从跨境农产品流通产业发展实践来看，市场结构、市场竞争、政策法规及技术支持等外部因素（环境），在跨境农产品供应链关系稳定性中起到重要的影响作用，实证表明，市场结构、市场竞争、政策法规确为如此，但影响程度不及承诺与信赖、联盟预期、关系资本、利益分享等内部因素，尤其是技术支持甚至未产生显著影响，究其原因是跨境农产品流通信息互联互通体系以及规范化、标准化供应链管理技术体系等尚不健全，技术支持对跨境农产品供应链关系稳定性的影响作用有限或不足。为此，跨境农产品供应链（联盟）及其核心企业应主动作为，动态监测跨境农产品市场结构与竞争态势、政策法规变动情况，建立健全基于信息技术、管理技术的支撑平台和运作系统。

第六章 实证分析 II：跨境农产品
供应链联盟绩效评价*

第一节 引言

跨境农产品供应链联盟（Cross – border Agri – food Supply Chain Alliance，CASCA）是在中国—东盟自由贸易区（CAFTA）框架下，我国涉农涉外企业（含类企业性质组织，下同）为确保跨境农产品供应链成员关系稳定和提高供应链整体的长远经济社会效益与国际核心竞争优势而通过一定形式（如联盟协议）结合而成的企业集合体，是一种新型的、由涉农涉外核心企业主导的农产品出口组织形式。相对于一般的农产品供应链联盟，成员主体涉及外方企业、贸易过程涉及跨境流通等是跨境农产品供应链联盟的鲜明特色。中国—东盟农产品流通产业正处于转型升级的关键时期，跨境农产品供应链联盟成为最活跃的运作主体，2016 年，中央一号文件将跨境农产品供应链联盟整合优化和培植跨境农产品核心企业集团等定位为国家层面的战略任务。早期收获计划（Early Harvest Program，又称中国—东盟农产品零关税计划）实施以来，跨境农产品供应链联盟逐渐兴起。特别是 2010 年，中国—东盟自由贸易区（CAFTA）

＊本章根据隋博文《跨境农产品供应链联盟绩效评价研究——基于广西—东盟的实证分析》（《北京交通大学学报》（社会科学版）2017 年第 3 期）修改而成。

正式建成，跨境农产品供应链联盟的数量猛增，架构（即组织合作形式）也在不断创新。但是，跨境农产品供应链联盟的规模不大、效果有限，跨境农产品供应链联盟绩效问题研究也没有引起学术界的广泛关注。

综观国内外文献，研究内容主要集中于一般的农产品供应链（联盟）绩效的评价。如柔普（Roep，2007）强调，体现可持续发展理念的指标应纳入农产品供应链绩效评价体系。王洪鑫等（2009）指出，农产品供应链绩效评价指标在遴选时应重点考虑成本、数量、质量和协作等方面的综合约束。符少玲（2016）认为，农产品供应链绩效主要涉及运作绩效、经济绩效、质量绩效三个方面。王勇和邓旭东（2015）从成本、运作、服务等角度出发，运用因子分析法构建了一个符合发展性原则的农产品供应链绩效评价模型。宋巧娜（2012）提出，农产品供应链绩效因素主要包括节点企业绩效水平、合作绩效水平、运作水平和绿色水平四个方面，并选取随机模拟法（突出指标序优势）作为其评价方法。高艳等（2012）从农产品质量、附加品增值效益、成本、客户反映、绿色绩效和创新能力等方面考虑，运用双层综合模糊评判方法设计了一个循环经济视角下的农产品供应链绩效评价指标体系。王勇和游泽宇（2012）从业务成本、运营状况、生产质量、客户服务、绿色环保和财务价值六个方面，运用德尔菲法建构了一个基于绿色度的农产品供应链绩效评价体系。范瑾（2015）从生态环境、质量安全、技术创新、客户体验、资源效率和绿色管理水平等方面，运用模糊层次分析法设计了一个针对循环农业的农产品供应链绩效评价模型。诚然，随着中国农业"走出去"步伐的加快和跨境电子商务的异军突起，已有学者开始关注有关跨境农产品供应链联盟绩效评价的若干问题。如钱莎莎（2014）和宋薇（2014）分别建构了跨境生鲜电商供应链联盟绩效评价体系、出口农产品冷链物流产业组织合作绩效评价模型，樊星等（2016）探讨了跨境农产品供应链联盟的运作效率及其风险防控机制。

已有研究成果表明：农产品供应链（联盟）绩效评价指标体系尚无定论，评价方法的选取对指标之间的关联性也没有给予充分考虑，但多数学者已将"绿色"引入农产品供应链绩效评价指标体系中，即主要围绕财务、运营、绿色三个方面展开其绩效评价。由于跨境农产品供应链联盟在我国缺乏长期性行业实践，国内学术界尚需持续加强针对跨境农产品供应链联盟绩效评价问题开展深入研究的力度。事实上，跨境农产品供应链联盟具有跨境性、动态性、网络性、需求性（又称市场导向性）等基本特征，基于此，其管理乃至绩效评价必须进行多角度、多视点的考量，跨境农产品供应链联盟绩效评价指标应是多维和系统的。一般而言，对跨境农产品供应链联盟的绩效进行评价不仅要对其投入产出情况及运营结果作出评价，而且还要考虑它对环境所应承担的绿色责任。也就是说，跨境农产品供应链联盟作为一种出口导向的跨境农业经济合作组织形式，应努力实现财务、运营、绿色三个方面的整体协调优化。值得注意的是：跨境农产品供应链联盟绩效具体评价指标之间可能存在着一些潜在的关联规则，或者说各指标间可能存在一定的关联性和制约性，这往往会影响跨境农产品供应链联盟绩效本身，从而导致其评价结果偏差。所以，对跨境农产品供应链联盟绩效评价模型的建构，需要进行更为充分的讨论和综合的研判。

本书在明确现阶段跨境农产品供应链联盟绩效评价对我国跨境农产品供应链联盟特别是核心企业的重要指导作用基础上，兼顾广西—东盟跨境农产品供应链（联盟）的运作特点而构建跨境农产品供应链联盟绩效评价指标体系，并将该指标体系划分为财务绩效、运营绩效和绿色绩效（3个一级指标）；选取结构方程模型（Structural Equation Modeling，SEM）作为评价方法；通过调研，以 200 个广西—东盟跨境农产品供应链联盟作为实证分析对象，以验证本书所构建的跨境农产品供应链联盟绩效评价指标体系以及评价方法的科学性和有效性。

第二节　跨境农产品供应链联盟绩效评价体系建构

前文已分析并提出，跨境农产品供应链联盟绩效评价体系大体上分为三个方面：侧重于财务绩效、运营绩效和绿色绩效的综合评价，以此为基础，构建一套评价跨境农产品供应链联盟绩效的测度体系。具体步骤为：

一　评价指标体系设计原则

事实上，作为战略联盟与绩效管理深度融合的产物，联盟绩效通常是指联盟合作与运行的结果表达，具体体现为包括每个联盟的参与者所独享的"个体目标"和联盟利益相关者所共享的"整体目标"在内的目标实现程度（胡杨成，2007；阮平南、刘红霞，2010）。而跨境农产品供应链联盟管理则是对整个联盟上涉及各个参与、组织、协调和控制等方面的管理，这种管理是跨境的、多维的、动态的、集成的，所以其评价指标的范围和内容亦极为广泛和复杂。跨境农产品供应链联盟绩效评价指标体系构建作为一项系统工程，拟在参考徐贤浩等（2000）、彭芬和张明玉（2015）有关供应链、农产品供应链绩效评价（设计）原则基础上，结合跨境农产品供应链联盟的基本定义和主要特征，本书提出跨境农产品供应链联盟绩效评价体系建构应遵循五方面原则：科学性、实用性、目标导向性、系统优化性和通用可比性原则。其中：科学性原则是指指标体系的设计及评价指标的选取应以科学发展规律为基础且以科学的方法和手段来进行；实用性原则是指其评价体系的可行性和可操作性；目标导向性原则是指评价体系不仅可以测定排次及优劣程度，还可以引导和鼓励其联盟与核心企业向进一步的方向和目标发展；系统优化性原则是指评价指标设计应采用系统论的方法进行，且确保指标的"两少一全面"（即数量少、层次少，全面不重叠）；

通用可比性原则是指该评价体系可以进行不同时期（即纵向）以及不同对象（横向）间的比较。

二 综合评价指标的选取和确定

跨境农产品供应链联盟绩效评价指标体系拟建立在文献研究的基础之上，Roekel 等（2007）提出，跨境农产品供应链联盟管理要综合考虑出（进）口农产品流通产业发展过程中的利润、协同和绿色这三个目标，从而对跨境农产品供应链联盟中的物质流、资金流、信息流和服务流进行管控。Long（2006）指出，运作绩效是影响国家或地区之间进出口农产品流通供应链联盟绩效目标的关键因素。而《推动共建丝绸之路经济带和"21 世纪海上丝绸之路"的愿景与行动》（2015）又阐明，"一带一路"背景下我国企业应承担绿色发展相关责任。《国务院办公厅关于推进电子商务与快递物流协同发展的意见》（2018）指出：推动供应链协同创新，提高电子商务企业与快递物流企业供应链协同效率，鼓励电子商务企业与快递物流企业开展供应链绿色流程再造。因此本书对跨境农产品供应链联盟绩效进行评价，应较为系统地考虑财务绩效、运营绩效及绿色绩效三个层面的综合影响及作用。关于二级指标，本书利用文献索引聚类法（即描述相同或相似内涵的指标归为一类）和频数统计法（一般要求该类指标在文献中出现的频率不少于 3 次）进行选取和确定（刘彬，2008）。具体是：财务绩效的二级指标为成本降低率、去库存水平、销售利润率以及资金周转率；运营绩效的二级指标为交货提前期、响应速度、交货准确率、生产柔性以及订单完成率；而绿色绩效是指供应链运营活动由于符合"低碳、绿色、节约"的供应链要求和采取环境污染治理措施而取得的成绩和效果，其二级指标包括单位产品能源利用率、废弃资源回收率以及绿色技改销售投入比等（Cohen and Levinthal，1990；Camm et al.，1997；Altiok and Ranjan，2007；Neely et al.，1995；王冬梅、吕本富，2010；李占雷、史江亚，2014；Lummus et al.，1998；Hull，2005；夏芸，2005；高艳等，2012）。此外，上述各类二级指标的选取和

确定还参考了供应链运作参考模型（SCOR 模型）和 ISO14031、
ISAR 两项环境绩效标准。跨境农产品供应链联盟绩效的具体评价体
系见表 6 - 1。

表 6 - 1　　　　跨境农产品供应链联盟绩效评价指标体系

评价对象	一级指标	二级指标
跨境农产品供应链联盟绩效	财务绩效	成本降低率
		去库存水平
		销售利润率
		资金周转率
	运营绩效	交货提前期
		响应速度
		交货准确率
		生产柔性
		订单完成率
	绿色绩效	单位产品能源利用率
		废弃资源回收率
		绿色技改销售投入比

　　根据表 6 - 1 可知，跨境农产品供应链联盟（CASCA）绩效评
价的一级指标选取和确定为财务绩效、运营绩效及绿色绩效三类，
对应二级指标共计 12 项。虽然指标之间无任何包含与被包含的关
系，相互不重叠，但这并不意味着财务绩效、运营绩效及绿色绩效
具体指标之间不存在任何相互影响、相互制约或相互作用的彼此关
联。在广西—东盟跨境农产品供应链联盟实践中，财务绩效、运营
绩效、绿色绩效指标之间并非完全彼此孤立地存在，它们互相之间
存在着一定的关联或制约规则。例如（跨境农产品供应链）联盟的
响应速度、交货准确率等运营指标提高了，联盟成员之间的协作度
和耦合度随之提高，会给联盟带来可观的成本节约，使整个链条的
运行成本更低、更环保，提高联盟的财务绩效。另外，联盟的财务

绩效一旦提高，营收总额丰厚，联盟和核心企业会有更多的资金用来提高响应速度、交货准确率等运营指标。又例如，联盟如果能够顺应国家"一带一路"关于绿色发展的倡议导向，积极承担绿色责任，即提高单位农产品的能源利用率（即降低单位产品的能源损耗）、废弃资源回收率以及绿色技改销售投入比，这会给联盟带来销售利润率、生产柔性等财务或运营指标的提高，从而实现良性互动和共赢发展。

第三节　结构方程模型的构建与跨境农产品供应链联盟的绩效评价

　　基于上述讨论可知，跨境农产品供应链联盟绩效评价指标（其中一级指标涵盖财务绩效、运营绩效、绿色绩效三类）彼此之间的影响或制约关系是广泛而复杂的，涉及多变量数据的探究。结构方程模型（SEM）作为一种理论模型检定的多元统计方法，它提供了一种进行数据分析和理论研究的完整性综合化系统，通过融合因素分析（Factor Analysis）和路径分析（Path Analysis）等多重统计技术，可以同时处理一系列或多组自变量与因变量之间的关系，检验潜变量（Latent Variables）与观测变量之间的关系（侯杰泰等，2004）。基于此，利用结构方程模型（SEM）对本书提出的跨境农产品供应链联盟（CASCA）绩效进行综合评价，不失为一种较为科学合理的选择，这种方法有着允许自变量和因变量含有测量误差等诸多优点，弥补了传统统计方法在不可直接观测的变量（即潜变量）处理等方面的不足，很好地契合了跨境农产品供应链联盟绩效评价指标的建构要求。

一　模型的构建

　　根据对跨境农产品供应链联盟（CASCA）绩效评价指标选取及评价体系建构的研析，跨境农产品供应链联盟绩效指标结构方程模型中实际上涵盖两个基本的模型：测量模型和结构模型。其中：测量模型（Measured Model）主要描述的是潜变量与观测变量之间的关系，而结构模型（Structure Model）则主要描述潜变量之间的关系。在跨境农产品供应链联盟绩效评价的结构方程模型设定（估计）时，应注意财务绩效、运营绩效、绿色绩效指标以及跨境农产品供应链联盟（CASCA）绩效共计为四个潜变量。其中：两个潜变量之间的关联关系用双箭头表示、效应关系（即单方向的直接因果关系）则用单箭头表示；在财务绩效层面，成本降低率、去库存水平、销售利润率以及资金周转率是其观测变量；在运营绩效层面，交货提前期、响应速度、交货准确率、生产柔性以及订单完成率为观测变量；在绿色绩效层面，单位农产品的能源利用率、废弃资源回收率以及绿色技改销售投入比为其观测变量；在跨境农产品供应链联盟（CASCA）绩效层面，运用广西—东盟跨境农产品供应链联盟各成员企业（含类企业性质组织和农户）的绩效分值作为观测变量（其中 e1—e13 分别表示各观测变量的测量误差项）。

　　基于对跨境农产品供应链联盟（CASCA）绩效具体评价指标彼此关系的分析和研判，拟利用 AMOS17.0 统计分析软件将其指标关系图示出来（即以图形的形式进行表达），进而建立跨境农产品供应链联盟绩效综合评价的结构方程模型（见图 6 - 1）。

　　二　数据的收集与模型检验

　　根据图 6 - 1，跨境农产品供应链联盟绩效评价的结构方程模型中（设计）有 12 个观测变量，拟以此来统计跨境农产品供应链联盟（CASCA）数据。值得说明的是：跨境农产品供应链联盟形式主要有物流园区主导型、仓储基地主导型、农产品出口加工企业主导型、国际物流公司主导型、口岸主导型、批发市场主导型、电商平台主导型七种；而财务绩效、运营绩效、绿色绩效的数据来源于 200 个广西—东盟跨境农产品供应链联盟（考虑数据的可获得性，电商平台主导型暂不纳入；一般情况下，1 个核心企业组建有 3—5 个联盟）的 2014 年度发展报告，各联盟的绩效分值来源于 2014 年

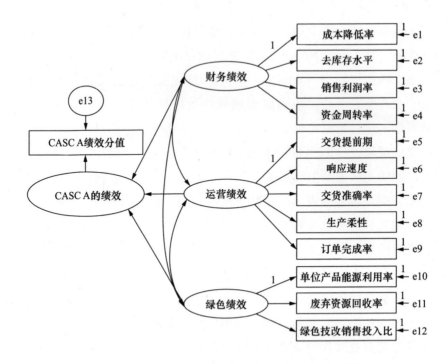

图 6 - 1 跨境农产品供应链联盟绩效评价的结构方程模型

度广西—东盟跨境农产品供应链联盟营收报告，即按照营收总额的排次进行相应分值赋予。而在进行模型检验之前，拟采用 SPSS15.0 和 AMOS17.0 对统计数据分别进行信度检验（Reliability Test）与效度检验（Validity Test）。

（一）信度检验

克朗巴哈系数（Cronbach's Alpha）是目前最常用的信度系数，其值亦是量表（数据）信度检验的标准。一般情况下，克朗巴哈系数应在 0—1，若系数高于 0.9，表明该数据量表的信度很高（非常理想）；系数若位于 0.8—0.9，表示数据量表的信度比较理想（宇传华，2014）。本书基于 SPSS15.0 的跨境农产品供应链联盟数据信度分析结果（见表 6 - 2）显示：各测量指标以及总体克朗巴哈系数均在 0.8 以上，表明该数据量表具有较高的信度，其数据分析结果是比较理想的。

表6-2 信度分析表

测量指标	α系数
财务绩效	0.820
运营绩效	0.809
绿色绩效	0.827
总体	0.831

（二）效度检验

检验效度的主要维度和方法有：表面效度（Face Validity，又称内容效度）、准则效度（Criterion Validity，又称效标效度）、架构效度（Construct Validity，又称结构效度）。就 AMOS 进行效度检验来说，一般以检验架构效度为主，即通过 AMOS 求出平均变异数萃取量（Average Variance Extracted，AVE）（侯杰泰等，2004）。AVE 反映了各观测变量对其潜变量的平均差异解释能力，该量值越高表明潜变量的效度越高，一般要求不低于0.5。本书基于 AMOS17.0 的跨境农产品供应链联盟数据效度分析结果（见表6-3）显示：财务绩效、运营绩效、绿色绩效的 AVE 量值均大于0.5，表明该数据量表的架构效度较高。除此之外，运用 AMOS17.0 执行验证性拟合度检验过程，其结果如表6-4所示。一般而言，卡方值与自由度之比（CMIN/df）通常采用 CMIN/df < 3（对应 P > 0.05）；残差均方根（RMR）越小，越接近于0，表示模型拟合度越好，通常采用RMR < 0.035；拟合优度指数（GFI）、规范拟合指数（NFI）、相对拟合指数（RFI）、增量拟合指数（IFI）、非标准拟合指数（TLI）、比较拟合指数（CFI）越接近1，模型拟合度越好，通常采用 GFI（NFI、RFI、IFI、TLI、CFI）> 0.9；近似误差均方根（RMSEA）越接近于0表明模型拟合度越好，通常采用 RMSEA < 0.08（吴明隆，2010）。从表6-4中指标数值可以看出，样本数据与模型适配度较高。

表6-3   效度检验表

测量指标		因子负荷量	AVE
一级指标	二级指标		
财务绩效	成本降低率	0.73	0.565
	去库存水平	0.62	
	销售利润率	0.87	
	资金周转率	0.69	
运营绩效	交货提前期	0.82	0.519
	响应速度	0.77	
	交货准确率	0.91	
	生产柔性	0.64	
	订单完成率	0.86	
绿色绩效	单位产品能源利用率	0.79	0.601
	废弃资源回收率	0.65	
	绿色技改销售投入比	0.80	

表6-4   拟合度检验表

适配度指标项	CMIN/df	P	RMR	GFI	NFI	RFI	IFI	TLI	CFI	RMSEA
参照标准	<3	>0.05	<0.035	>0.9	>0.9	>0.9	>0.9	>0.9	>0.9	<0.08
指标值	1.923	0.061	0.028	0.917	0.939	0.922	0.950	0.968	0.927	0.039

（三）跨境农产品供应链联盟的绩效评价

通过对跨境农产品供应链联盟（CASCA）绩效评价结构方程模型的输出结果进行检查和修正，并对修正模型进行标准化处理，得到跨境农产品供应链联盟绩效评价（修正）模型的标准化估计结果（见图6-2）。

根据图6-2结构方程的模拟结果，可以得到跨境农产品供应链联盟绩效各评价指标之间的相关系数，利用上述结果对其联盟绩效进行评价，其中，二级指标影响于一级指标的演算步骤为：

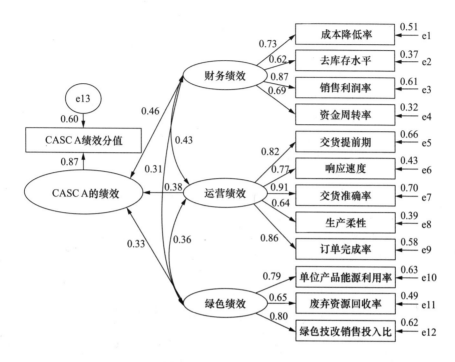

图 6-2　结构方程模拟结果

跨境农产品供应链联盟财务绩效＝成本降低率×［0.73/（0.73＋0.62＋0.87＋0.69）］＋去库存水平×［0.62/（0.73＋0.62＋0.87＋0.69）］＋销售利润率×［0.87/（0.73＋0.62＋0.87＋0.69）］＋资金周转率×［0.69/（0.73＋0.62＋0.87＋0.69）］

跨境农产品供应链联盟运营绩效＝交货提前期×［0.82/（0.82＋0.77＋0.91＋0.64＋0.86）］＋响应速度×［0.77/（0.82＋0.77＋0.91＋0.64＋0.86）］＋交货准确率×［0.91/（0.82＋0.77＋0.91＋0.64＋0.86）］＋生产柔性×［0.64/（0.82＋0.77＋0.91＋0.64＋0.86）］＋订单完成率×［0.86/（0.82＋0.77＋0.91＋0.64＋0.86）］

跨境农产品供应链联盟绿色绩效＝单位（农）产品能源利用率×［0.79/（0.79＋0.65＋0.80）］＋废弃资源回收率×［0.65/（0.79＋0.65＋0.80）］＋绿色技改销售投入比×［0.80/（0.79＋0.65＋0.80）］

而一级指标影响于跨境农产品供应链联盟总绩效的计算公式为：

跨境农产品供应链联盟总绩效 = 跨境农产品供应链联盟财务绩效 $\times [0.46/(0.46 + 0.38 + 0.33)]$ + 跨境农产品供应链联盟运营绩效 $\times [0.38/(0.46 + 0.38 + 0.33)]$ + 跨境农产品供应链联盟绿色绩效 $\times [0.33/(0.46 + 0.38 + 0.33)]$

至此，利用上述计算步骤，通过对 2015 年广西—东盟跨境农产品供应链联盟发展报告进行统计分析，获得了广西—东盟跨境农产品供应链联盟相应发展信息，包括其成本降低率、交货提前期、单位农产品能源利用率等，进而计算出广西—东盟跨境农产品供应链联盟（CASCA）绩效综合分值（为更具比较意义，选取以核心企业为主导的多个联盟为 1 个综合性联盟，并取前 5 名，见表 6 – 5）。

表 6 – 5　　　　广西—东盟跨境农产品供应链综合性联盟
绩效评价结果（前 5 名）

核心企业	广西海吉星农产品国际物流公司	钦州港口岸集团	广西申加桂农产品进出口贸易公司	港务集团南宁玉洞冷库基地	广西南方农产品物流公司
综合得分	6.73	6.59	6.51	6.28	6.04

据不完全统计，作为广西—东盟跨境农产品供应链联盟的重要骨干核心企业，广西海吉星农产品国际物流有限公司、钦州港口岸集团、广西申加桂农产品进出口贸易有限责任公司、港务集团旗下南宁玉洞冷库基地、广西南方农产品物流有限责任公司五个核心企业 2015 年出口额已占到广西农产品出口（东盟）总额近 30%。本书基于 2014 年的广西—东盟跨境农产品供应链联盟数据，建立结构方程评价模型及其测算公式，用 2015 年的广西—东盟跨境农产品供应链各联盟数据验证该公式的正确性，得出的评价结果与 2015 年度广西—东盟跨境农产品供应链联盟营收总额排次基本一致，表明基于结构方程模型的跨境农产品供应链联盟绩效评价方法具有一定的科学性和有效性。

第四节　小结与管理启示

本章探讨了跨境农产品供应链联盟的绩效评价问题。在参考既有研究成果的基础上，紧密结合跨境农产品供应链联盟的管理实践，建立一个由财务绩效、运营绩效和绿色绩效 3 个一级指标及其对应的 12 个二级指标组成的跨境农产品供应链联盟绩效评价指标体系，这些指标能够贴切地表征跨境农产品供应链联盟运作特点，是跨境农产品供应链联盟绩效评价工作可采用的主要评价指标。通过重点考虑跨境农产品供应链联盟绩效评价指标之间的关联性，本章选取结构方程模型作为跨境农产品供应链联盟绩效评价工作可采用的评价方法。以广西—东盟跨境农产品供应链联盟（共 200 个）作为案例，评价了这些跨境农产品供应链开展联盟实践的效果。实证分析结论支持了本章所构建的跨境农产品供应链联盟绩效评价指标体系和所选用的评价方法的科学性与有效性。

通过本章研究可以得到以下管理启示：

（1）关于财务绩效。财务绩效主要体现在成本降低率、去库存水平、销售利润率和资金周转率等指标。首先，降低跨境农产品供应链联盟成本就是要降低包括联盟在生产（含加工）、流通、销售过程中为支撑跨境农产品供应链运转所发生的农资成本、劳动成本、设备成本以及跨境运输成本等。其次，很多跨境生鲜农产品容易变质，储存周期非常短，给库存（管理）造成很大难度，亟待完善的跨境供应链体系和持续优化或改进方为解决之道。再次，增加销售量、提高销售利润率需要在联盟框架下，坚持面向东盟不同消费群体、面向优势特色外向型农产品、面向重点国家或区域市场，使跨境农产品更有利于被东盟市场所接受，同时应增强抗市场风险能力。最后，加快资金周转则应聚焦规范物资领用制度、改善交付和提高满意度，实现跨境农产品供应链联盟成员之间信息、交易、结算的无缝链接。

（2）关于运营绩效。运营绩效主要体现在交货提前期、响应速度、交货准确率、生产柔性与订单完成率等指标。首先，缩短交货提前期可以通过联盟端到端、点到点的跨境农产品供应链协同，并辅以跨境农产品批量和库存的调节来进行。其次，提升跨境农产品供应链响应速度，可从经验管理向精确数字（数据）管理、从事后管理向事中和实时管理转变入手。再次，提高交货准确率的途径关键在于信息共享和内部流程的改善以及供应链（尤其是农户和小微企业）管控的加强。复次，提高生产柔性就是要求跨境农产品供应链联盟组成一张"相互衔接、彼此补位、动态响应"并契合东盟农产品市场需求的柔性生产（含加工）大网，并根据供应链周期进行调整。最后，提高订单完成率则需要做长远的跨境农产品需求预测，还要考虑到联盟的生产（加工）能力。

（3）关于绿色绩效。绿色绩效主要体现在单位农产品能源利用率、废弃资源回收率以及绿色技改销售投入比等指标。第一，提高单位农产品能源利用率可通过开展清洁生产（加工）、循环经济、低碳流通和绿色跨境农产品供应链管理改进，减少资源能源消耗、降低单位农产品成本。第二，提升废弃资源回收率即要搭建跨境农产品供应链废弃资源回收平台、创新废弃资源回收模式，以及建立健全废弃资源回收的生产（加工）者、流通者、销售者激励约束机制等。第三，提高绿色技改销售投入比则需要从政策利导、联盟主动、成员受惠等多处发力，即通过绿色化投入的博弈，找到合作共赢和跨境农产品供应链绿色化之路。

在参考使用该绩效评价指标时需要注意：由于我国跨境农产品供应链开展联盟实践的时间不长，规模和组织形式时有变动，开展跨境农产品供应链联盟绩效评价时应尽可能划分清楚被评价对象即跨境农产品供应链联盟的边界、厘清该绩效评价指标中个别指标的统计范围。此外，还应注意与供应链环境下跨境农产品物流联盟绩效评价的区别。

第七章 实证分析Ⅲ：关系稳定性对跨境农产品供应链联盟绩效的影响*

第一节 引言

　　跨境农产品供应链（联盟）已经成为中国—东盟农产品流通产业转型升级的重要推动力量。根据流通产业组织理论，跨境农产品供应链（联盟）属于一种新型的涉农涉外企业集合组织形式。从联盟类型来看，主要可分为物流园区主导型、仓储基地主导型、农产品出口加工企业主导型、国际物流公司主导型、口岸主导型、批发市场主导型、电商平台主导型七种。据不完全统计，2010—2015 年由涉农涉外核心企业引领的跨境农产品供应链联盟出口额每年维持在广西农产品出口（东盟）总额的 70% 左右，总体呈现"波浪式前进、螺旋式上升"态势。显然，跨境农产品供应链（联盟）已成为现代涉农涉外核心企业集团培育、保持国际竞争优势的重要途径和中国农产品出口（东盟）最主要的基础性、服务性、组织性载体，因而引起了研究者的高度关注。例如，傅国华（2012）通过考察海南与东盟开展热带农业合作的必要性和可行性，认为建构一体化的

---

　　* 本章根据隋博文《关系稳定性对跨境农产品供应链联盟绩效的影响——基于广西—东盟的实证分析》（《中国流通经济》2017 年第 1 期，被中国人民大学复印报刊资料《物流管理》2017 年第 4 期全文转载）修改而成。

海南—东盟热带农业跨国生产（加工）、流通、销售链，是提高海南热带农业生产力与国际影响力、实现海南农业外向化与产业化发展的一种创新模式。马骊（2014）以中国出口东盟的苹果汁为例对其出口影响因素进行了剖析，认为农产品加工技术优势尚未得到充分发挥（政产学研合作模式尚未形成）、缺乏涉农涉外龙头企业的嵌入和引领以及相关联动机制等是影响中国苹果汁出口东盟市场的主要因素。在跨境农产品供应链联盟生动实践的同时，跨境农产品供应链联盟成员合作关系质量的可靠性、稳定性却显得不足，直接影响了整个联盟收益或绩效的持续性与提高改进空间。回顾中国—东盟农产品流通产业发展历程并走访部分跨境农产品供应链联盟核心企业发现，从加入世界贸易组织（WTO）、建成中国—东盟自由贸易区（CAFTA）到 2015 年，中国农产品在东盟市场的出口增长率经历了比较频繁的波动，其中一个重要的原因就在于，尽管中国农产品出口（东盟）的组织形态多为跨境农产品供应链联盟，帮助成员企业（含农户）出口创收，但各成员企业（含农户）之间责权利的冲突常常导致联盟合作关系紧张甚至破裂，跨境农产品供应链联盟低效、无序开展，削弱了核心企业的向心力和整个联盟应对跨境供应链各种风险的能力，成为中国农业对外开放与"走出去"过程中亟待解决的现实问题。中国—东盟农业互联互通实践表明，跨境农产品供应链成员企业关系稳定性质量参差不齐、联盟绩效水平亟待提升。理论界缺乏基于关系稳定性视角对跨境农产品供应链联盟绩效偏低问题必要而具有逻辑性的关注，影响了中国农产品出口（东盟）核心企业集团的国际竞争力，以及我国特别是西南民族地区农业外向化、产业化、规模化扶持政策的实施效果。

近年来，国内学者开始基于流通贸易视角研究跨境具体情境下的农产品供应链相关问题。例如，罗必良等（2012）指出，农产品跨境供应链一般较长，涉及主体较多，运作较为复杂，合作关系维控难度较大。阮建女（2012）基于对农产品出口供应链关系稳定性的调查研究指出,大多数农产品出口供应链成员合作关系不够紧密,链条是松散和分裂的,不具备长期稳定性,尚未形成实质意义上的利益同盟,对整个供应链的可持续收益造成了影响。樊星等(2014)实证分析了跨国农产品供应链的风险源,认为跨国农产品供应链的高效运转需要系统性规避供应、环境、需求、衔接、物流、管理、信息、生产等潜在风险。基于对现有文献的梳理可以发现,以往研究成果主要存在以下两个方面的不足:

一是对与农产品进出口流通特别是农产品出口流通活动相关联的供应链内涵的界定较为狭窄,尽管使用了农产品跨境供应链、农产品出口供应链、跨国农产品供应链等多种提法,但大多数学者关注的只是该供应链联盟的合作稳定机理及其关系维护机制,而忽略了其对联盟绩效的影响。事实上,跨境农产品供应链联盟实践的两个基本问题(源起与结果),涉及成员企业合作关系的稳定性、合作收益的增值性与连续性,即关系稳定性与联盟绩效。其中,前者揭示的是跨境农产品供应链联盟形成的基础和发展条件,后者揭示的是其收益预期及利润普惠。因此,关系稳定性是跨境农产品供应链联盟稳健发展的内在要求。

二是尽管学者们已经认识到了关系稳定性是跨境农产品供应链联盟可持续发展的重要一环和关键一招,也认同关系稳定性对跨境农产品供应链联盟绩效的促进作用,但多数研究忽略了从关系质量到绩效产出的转换过程,导致关系稳定性对跨境农产品供应链联盟绩效的作用路径不明晰。从理论上来说,关系(质量)并不等于绩效(产出),关系只有通过联盟特别是核心企业的协调与整合,被内化为成员企业的合作遵循,才能推动联盟与核心企业绩效的总体改进。因此,必须揭开关系稳定性对跨境农产品供应链联盟绩效的影响机理这一"黑箱"。

综上所述,当前多数文献都在分别研究跨境农产品供应链关系稳定性或联盟绩效问题,即将两者割裂或孤立起来进行研究,尽管少数研究者开始关注跨境农产品供应链关系稳定性与联盟绩效的关联逻辑，但仍然没有对两者之间的影响机理进行实证检验，而本书则侧重于探索关系稳定性对跨境农产品供应链联盟绩效的影响及其路径，系将两者结合的量化研究。本书所分析的跨境农产品供应链，是指狭义的跨境农产品供应链，即中国—东盟自由贸易区（CAFTA）框架下以我国涉农涉外企业为基本组织单位，通过利益联结等方式形成的农产品产供销企业集合体，其目标在于充分参与东盟市场竞争并着力实现农产品境内生产（加工）、跨境流通、东盟销售等环节利润最大化；而广义的跨境农产品供应链，则是两国或多国间农产品流通进出口供应链的统称。

第二节　理论模型与研究假设

一　理论模型

基于供应链角度对联盟绩效的界定，目前还没有统一的定义。但一般认为，联盟绩效是对供应链成员企业联合致力于联盟协同运营与可持续发展、分散成员企业经营风险、实现联盟规模经济等方面综合效果的表达（黄俊，2008）。而绿色发展作为可持续发展的必然，是更加安全的可持续发展。对跨境农产品供应链联盟来说，实现联盟绩效改进需要满足两个条件：一是成员企业联合或协同运作的耦合性，即跨境农产品供应链联盟成员企业间通过无缝链接，减少因中间环节繁杂而造成的跨境交易的成本损失；二是联盟及其成员企业利润获取的增进性和未来性，即追求利润、促进增值是跨境农产品供应链联盟永恒不变的初心，同时也考虑到利润追求、价值增值过程中对双边环境的影响，践行绿色发展。因此，总的来看，跨境农产品供应链联盟绩效主要涵盖财务绩效、运营绩效、绿色绩效三个维度或方面。

在跨境农产品供应链（联盟）实践中，联盟绩效的高低主要通过该供应链资源整合能力来体现。绩效改进离不开资源调配和关系重构，关系稳定性对跨境农产品供应链联盟绩效的形成与改进具有重要影响。可以说，稳定的合作关系是跨境农产品供应链联盟绩效产出的基础，或者说联盟绩效是开发并利用跨境农产品供应链稳定合作关系的结果。因此，与其他成员企业达成稳定的联盟合作关系，是跨境农产品供应链核心企业改进联盟绩效的前提。然而，在跨境农产品供应链联盟实践中，联盟与核心企业对关系稳定性的重视程度普遍不足，大多只是停留在经验或口头上，表明跨境农产品供应链无论在关系捆绑还是在资源整合方面都仍然处于弱势。因此，在跨境农产品供应链联盟的创建与运作过程中，联盟与核心企业还需要进一步理顺和增强稳定的合作关系，以改进跨境农产品供应链联盟绩效并提升整条"链"的国际竞争优势。现有相关研究通常将跨境农产品供应链关系稳定性影响因素划分为两大类：一类是内部因素，主要包括承诺与信赖、联盟预期、关系资本、利益分享等；另一类是外部因素，主要指市场结构、市场竞争、政策法规等，其中内部因素是主要影响因素。探寻关系稳定性对跨境农产品供应链联盟绩效的影响路径，正是本书的研究目的。基于此，本书结合"关系稳定性—联盟绩效—跨境农产品供应链优化"分析框架，提出理论模型（见图7-1）。

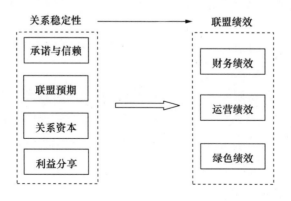

图7-1　关系稳定性影响跨境农产品供应链联盟绩效的理论模型

二　研究假设

（一）承诺和信赖与跨境农产品供应链联盟不同维度绩效

供应链和联盟的理论内涵综合揭示，跨境农产品供应链联盟因承诺与信赖的建立而生，又因承诺与信赖的调整和维护而促使该供应链联盟从多方共赢迈向新的高度和未来。从社会交换理论的视角来看，承诺与信赖更有利于跨境农产品供应链持久而稳定的合作与发展，承诺与信赖等关系稳定性因素是跨境农产品供应链联盟获取和改进绩效考量的主要方面。这是因为，供应链联盟成员企业间相互承诺与信赖，可以提高整个供应链联盟的快速反应能力，减少牛鞭效应，进而有助于提高跨境农产品供应链联盟整体绩效。魏津瑜和吴晓玮（2013）的研究表明，随着供应链联盟成员企业联结强度的提高，这种承诺与信赖对供应链联盟财务绩效、运营绩效等都会产生积极的影响。事实上，除财务和运营绩效外，跨境农产品供应链联盟作为一条出口导向并集跨境农产品生产、流通、销售于一体的可持续发展"链"，绿色绩效也在"一带一路"等倡议驱动下成为该供应链联盟整体绩效的重要组成部分（魏泽龙、谷盟，2015；丁俊发，2016）。因此，本书假设：

H1a：承诺与信赖因素对跨境农产品供应链财务绩效产生显著的正向影响。

H1b：承诺与信赖因素对跨境农产品供应链运营绩效产生显著的正向影响。

H1c：承诺与信赖因素对跨境农产品供应链绿色绩效产生显著的正向影响。

（二）联盟预期与跨境农产品供应链联盟不同维度绩效

联盟预期主要解释主观的跨境农产品供应链联盟合作意愿和客观的跨境农产品供应链联盟合作不确定性。交易成本理论认为，具有较强合作意愿的供应链联盟成员企业可以降低机会主义和不确定性，并促使各环节交易达到预期目标。冲突作为影响供应链联盟绩效的重要因素之一（Bradford et al.，2004），解决的途径即为供应链联盟成员企业间达成合作意愿并协同规避风险。曹永辉（2013）的研究表明，供应链合作关系中的未来期许对于供应链运作绩效中的产品质量与客户服务水平具有正向影响作用。刘琦（2014）的研究进一步表明，合作关系预期是供应链联盟财务、运作、环境等绩效产出的重要保证。具体到跨境农产品供应链联盟，在主观方面，联盟预期为跨境农产品供应链打造命运共同体、利益共同体提供了合作愿景和谋划表达；在客观方面，联盟预期亦可为跨境农产品供应链应对国际（本书主要指东盟，下同）农产品市场风云变幻、保持中国涉农涉外企业集合"拳头"优势等提供目标引导与制度保障。因此，本书认为：

H2a：联盟预期因素对跨境农产品供应链财务绩效产生显著的正向影响。

H2b：联盟预期因素对跨境农产品供应链运营绩效产生显著的正向影响。

H2c：联盟预期因素对跨境农产品供应链绿色绩效产生显著的正向影响。

（三）关系资本与跨境农产品供应链联盟不同维度绩效

跨境农产品供应链关系资本是指，依据公平对等原则，在规范、公开、坦诚交易基础上建立的跨境农产品供应链联盟合作关系网络，而关系资本的成本则涵盖各成员企业为形成关系资本而投入的人力、财力、物力等。由此可见，关系资本是一种付出和投入的结果（产出）效应，是一种错综复杂的发展（关系）纽带。Carmeli和 Azeroual（2009）认为，关系资本在联盟企业绩效产出和改进方面具有重要作用。麦影（2014）的研究表明，关系资本对供应链运营能力、学习能力、协调能力具有较强的正向提升作用，并通过动态能力提高供应链协同创新绩效。赵磊（2014）通过实证研究发现，关系资本中的信息共享、连接强度、专用资产投入等测度项对电能供应链联盟绩效具有显著的正向影响。此外，关系资本还会对供应链环境绩效产生积极影响（魏津瑜、吴晓玮，2013）。可以看出，关系资本因素贯穿于跨境农产品供应链联盟绩效产出甚至改进的全过程，也囊括了该供应链联盟绩效的各个维度。据此，本书假设：

H3a：关系资本因素对跨境农产品供应链财务绩效产生显著的正向影响。

H3b：关系资本因素对跨境农产品供应链运营绩效产生显著的正向影响。

H3c：关系资本因素对跨境农产品供应链绿色绩效产生显著的正向影响。

（四）利益分享与跨境农产品供应链联盟不同维度绩效

利益分享因素系跨境农产品供应链联盟创建、发展与存续的根本，关乎该供应链联盟收益、利润等红利对成员的惠及，这种利益既包括既得利益也包括可得利益，即跨境农产品供应链联盟既得、可得、可期的最大化利益与生存发展的空间和机会。布鲁斯等（Bruce et al.，1995）认为，公平的分配合作收益有助于供应链整体绩效的改进，而收益的分配则要与该成员企业所承担的供应链风险相匹配。事实上，在供应链联盟实践中，成员企业间不公平的利益分配会导致联盟（合作）关系破裂，供应链断裂或者联盟解体，最终会影响整个供应链联盟的绩效输出。毛溢辉（2008）的研究表明，利益分配因素与供应链财务绩效、运作绩效等均存在显著正相关关系。同时，越来越多的研究表明，供应链联盟绿色责任不仅受到多元化的利益相关者和分享者影响，且利益相关者和分享者参与对供应链联盟绿色绩效的实现至关重要。于是，本书认为：

H4a：利益分享因素对跨境农产品供应链财务绩效产生显著的正向影响。

H4b：利益分享因素对跨境农产品供应链运营绩效产生显著的正向影响。

H4c：利益分享因素对跨境农产品供应链绿色绩效产生显著的正向影响。

综合以上的分析,本书提出的研究假设见图 7 – 2。

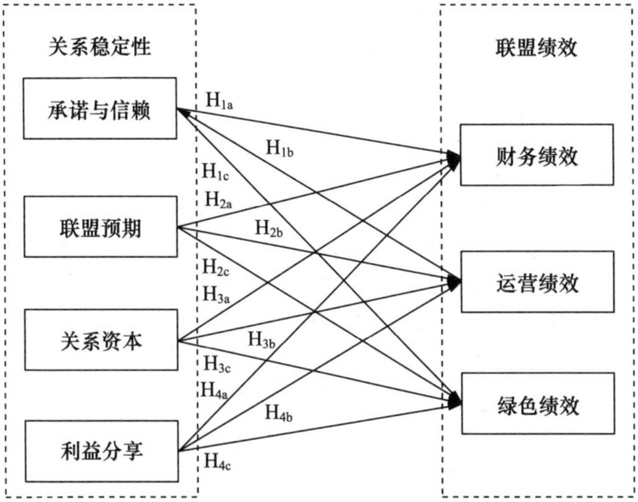

图 7 – 2 关系稳定性影响跨境农产品供应链联盟绩效的研究假设

第三节 研究方法、问卷设计与变量测度

一 研究方法

结构方程模型（Structural Equation Modeling, SEM）作为一种检验、修正观测变量（Observation Variable, OV）和潜变量（Latent Variable, LV）以及潜变量和潜变量之间关系的多重变量统计技术，可以同时处理多个观测变量（OV）和潜变量（LV），同时估计因子结构和因子关系，特别是可以为难以直接观测的潜变量（LV）提供观测处理，而且允许自变量和因变量含测量误差等，近年来在物流与供应链管理的研究中得到探索性应用（吴明隆，2010）。鉴于关系稳定性因素具体变量度量以及联盟绩效指标维度大多源自跨境农产品供应链成员企业员工的主观认识，具有

难以测量、难以避免主观测量误差的基本特征，因此本书采用结构方程建模方法进行研究和分析。跨境农产品供应链关系稳定性与联盟绩效存在相关关系，且各因素对联盟绩效的影响具有差异性。

二 问卷设计与变量测度

问卷测量题项大部分结合国内外学者使用过的成熟量表，此外，为反映中国—东盟跨境农产品供应链联盟具体情境，本书充分参考了有关跨境农业经济与管理专家、学者和跨境农产品供应链核心企业高管的意见，并在此基础上数次修改问卷并仔细检验和反复确认问卷中各个变量的测量题项，可以认为本书的测量具有较高的内容效度。

量表计分方式均采用李克特五点式量表，从1—5中选择相应的数值进行打分，其中：1表示"不符合"、2表示"不太符合"、3表示"符合"、4表示"比较符合"、5表示"非常符合"（数字1—5从"不符合"到"非常符合"依次递进）。表7-1显示了关系稳定性的具体测度项，其中承诺与信赖的测度项主要参考Yang等（2008）和生步兵（2009）的研究，采用了四个题项；联盟预期的测度项主要参考Yang等（2008）和刘琦（2014）的研究，采用了五个题项；关系资本的测度项主要参考Yang等（2008）、魏津瑜和吴晓玮（2013）的研究，采用了三个题项；利益分享的测度项主要参考Yang等（2008）和毛溢辉（2008）的研究，采用了四个题项。

表7-1 跨境农产品供应链关系稳定性各因素及变量描述

关系稳定性因素	题号	变量描述
承诺与信赖	A1	联盟成员之间遵循相互承诺（或契约）并彼此信赖
	A2	核心企业商请其他成员进行联盟利益平衡和协调
	A3	联盟成员间跨境合作具有良好的历史经验
	A4	联盟框架下成员企业技术设备及人力管理投资增大

续表

关系稳定性因素	题号	变量描述
联盟预期	B1	联盟成员间拥有长期合作的信心、愿景和期望
	B2	核心企业与其他成员企业的综合实力层级分明
	B3	联盟成员之间资源和技术等方面互补性强
	B4	联盟框架下成员企业农产品品质和附加值提升
	B5	跨境农产品价格、质量和市场对联盟成员的影响大
关系资本	C1	联盟成员间经常进行深度合作
	C2	核心企业商请其他成员进行重大决策和部署
	C3	联盟成员间信息共享性、信息对称性高
利益分享	D1	成本投入大的联盟成员利润划分占比高
	D2	收益贡献大的联盟成员利润划分占比高
	D3	承担跨境供应链风险大的联盟成员利润划分占比高
	D4	推进联盟改革影响力大的联盟成员利润划分占比高

表7-2联盟绩效的具体测度项主要参考 Yang 等（2008）、毛溢辉（2008）、生步兵（2009）和刘琦（2014）的研究，从财务绩效、运营绩效、绿色绩效三方面来测度，其中，财务绩效的测度包括四个题项、运营绩效的测度包括五个题项、绿色绩效的测度包括三个题项。为保证样本的信度和效度，调查前预测试了20个跨境农产品供应链联盟核心企业，并根据反馈意见对问卷进行完善，使各题项的意思表达易于被调查对象理解和接受。最后形成的关系稳定性维度量表、联盟绩效维度量表分别包含了16个和12个测度项。

表7-2　　跨境农产品供应链联盟绩效各维度及变量描述

联盟绩效维度	题号	变量描述
财务绩效	E1	跨境农产品供应链联盟整体成本降低
	E2	跨境农产品库存（含在途库存）水平降低
	E3	跨境农产品供应链联盟（东盟）销售利润率提高
	E4	跨境农产品供应链联盟资金周转率提高

续表

联盟绩效维度	题号	变量描述
运营绩效	F1	跨境农产品交货提前期缩短
	F2	跨境农产品供应链联盟响应顾客速度提升
	F3	跨境农产品交货准确率提高
	F4	跨境农产品生产（加工）柔性提高
	F5	跨境农产品供应链联盟订单完成率提高
绿色绩效	G1	单位跨境农产品的能源损耗降低
	G2	跨境农产品供应链联盟废弃资源回收率提高
	G3	跨境农产品供应链联盟绿色技改销售投入比提高

第四节　数据来源及样本特征

一　数据来源

对跨境农产品供应链联盟形成机制、类型结构、总体特征等的相关分析表明，跨境农产品供应链联盟已经成为中国—东盟农产品流通产业发展的新型业态，覆盖面广、结构与流程较为复杂。考虑到样本的典型价值性及数据可获得性，本章分别选取不同类型的广西—东盟跨境农产品供应链作为研究样本，并以此基点作为对中国—东盟跨境农产品供应链的代表性考察。具体而言，就是在预调研的基础上，分别选取物流园区主导型、仓储基地主导型、农产品出口加工企业主导型、国际物流公司主导型、批发市场主导型、口岸主导型、电商平台主导型七类广西—东盟跨境农产品供应链核心企业，以及其他企业的中高层经理人作为调研对象，采取实地调研和电子邮件调研相结合的方式进行数据收集。2016 年 2—3 月对以上样本对象进行调研，共发放问卷 360 份，回收问卷 307 份，剔除数据缺失及信息错误等无效问卷，得到有效问卷 290 份，问卷有效率为 80.5%（样本数据描述性统计见表 7 – 3）。

表 7 - 3　　　　　　　　　　样本数据描述性统计

变量（题号）	N（有效样本数）	极小值	极大值	均值	标准差
A1	290	1	5	3.93	0.827
A2	290	1	5	3.78	0.930
A3	290	1	5	3.85	0.902
A4	290	1	5	3.81	0.873
B1	290	1	5	3.83	0.894
B2	290	1	5	3.90	0.912
B3	290	1	5	3.74	0.871
B4	290	1	5	3.82	0.898
B5	290	1	5	3.59	0.968
C1	290	1	5	3.73	0.946
C2	290	1	5	3.86	0.923
C3	290	1	5	3.69	0.879
D1	290	1	5	3.85	0.937
D2	290	1	5	3.70	0.925
D3	290	1	5	3.88	0.941
D4	290	1	5	3.61	0.876
E1	290	1	5	3.70	0.943
E2	290	1	5	3.65	0.779
E3	290	1	5	3.72	0.850
E4	290	1	5	3.76	0.939
F1	290	1	5	3.73	0.961
F2	290	1	5	3.75	0.836
F3	290	1	5	3.67	0.867
F4	290	1	5	3.65	0.932
F5	290	1	5	3.71	0.935
G1	290	1	5	3.64	0.792
G2	290	1	5	3.70	0.849
G3	290	1	5	3.59	0.871

二 样本特征

表 7 - 4 显示，调查样本基本上均匀分布于七类广西—东盟跨境农产品供应链联盟，并表现出以下特征：从跨境农产品供应链联盟规模来看，总体处于中等以上规模，但随着跨境电商的兴起和应用，电商平台主导型跨境农产品供应链联盟规模可能会逐步扩大；从跨境农产品供应链核心企业主营业务来看，一般包括两项主营业务（最少一项、最多三项），核心企业要顺利完成农产品的本地生产（加工）、跨境流通、东盟销售等一系列跨境供应链环节，必须与其他成员企业抱团发展。此外，跨境农产品供应链联盟及核心企业所经营的农产品涉及果蔬类、水产类、谷物类等多种类型，体现了跨境农产品多样化、特色化、市场化、竞争化的态势。

表 7 - 4　　　　　　　调查样本（对象）描述性统计

跨境农产品供应链类型	比例（%）	联盟规模	核心企业业务范围	核心企业经营农产品种类
物流园区主导型供应链联盟	16.9	中	物流/加工	果蔬类
仓储基地主导型供应链联盟	15.1	中	仓储/加工	谷物类/果蔬类
农产品出口加工企业主导型供应链联盟	15.5	大	研发/加工/贸易	水产类/果蔬类
国际物流公司主导型供应链联盟	13.6	中	物流	谷物类
口岸主导型供应链联盟	12.0	中	贸易/通关	水产类/果蔬类
批发市场主导型供应链联盟	17.2	中	零售/批发	水产类
电商平台主导型供应链联盟	9.7	小	订单/物流	果蔬类

注：根据广西—东盟跨境农产品供应链（联盟）2015 年发展实际，年度营收总额 ≥ 20000 万元为较大规模联盟、20000 万元 > 年度营收总额 ≥ 500 万元为中等规模联盟、年度营收总额 < 500 万元为较小规模联盟。

第五节　实证分析

一　问卷信度和效度检验

第一,信度(Reliability)检验即检验问卷各项目内部的一致性,也就是反映实际情况的程度。目前多数情况下采用克朗巴哈系数(α系数)和项目—总体相关系数(Corrected Item – Total Correlation,CITC)进行检验。一般而言,α系数值≥0.7时,表明其内部一致性即问卷信度较高;而 CITC 系数是对 α 系数信度检验的有益补充,认为 CITC 值 <0.4 时,所涉及变量一般需要剔除,剔除后若α系数值增大则表明(变量剔除)有效。本书调查数据的整体 α 系数值为 0.891,说明问卷整体可信度较高,但关系稳定性因素指标"跨境农产品价格、质量和市场对联盟成员的影响大"(B5)的CITC 值为 0.307(<0.4),将其剔除后 α 系数值跃升到 0.926,表明剔除 B5 后问卷各项目的内在信度更理想。这可能是因为当前跨境农产品价格、质量、市场需求等相对稳定,对联盟成员影响程度较低,因此该指标对问题的解释力不足。

第二,效度(Validity)检验主要检验各共同因子下各观测变量间的聚合效度(又称收敛效度)以及因子之间的判别效度(又称区分效度),本书应用因子分析的负荷值来判断聚合效度和判别效度。一般情况下,因子负荷值越大(通常为 0.5 以上)表示收敛效度越高;每一个观测变量在其所属的因子中出现一个大于 0.5 的因子负荷值,符合此条件的观测变量越多,则因子间的判别效度就越高。本书效度检验的结果表明,利益分享因素测量指标"推进联盟改革影响力大的联盟成员利润划分占比高"(D4)的因子负荷值为0.460(<0.5),可能是因为跨境农产品供应链作为一种多因素影响的联盟组织,其改革对联盟成员尤其是非核心企业吸引力不大,因此将其剔除以增加量表的聚合效度与判别效度。

二 结构方程模型分析

(一) 模型适配度检验

本书从图 7 - 1 理论模型出发，对表 7 - 1、表 7 - 2 初始假设及变量进行检验进而修正模型，并对模型修正后的拟合性进行评判，最终得到修正模型（见图 7 - 3）。初始模型与修正模型的适配度检验统计值（比较）如表 7 - 5 所示。可以看出，修正模型的适配度指标（值）与初始模型相比较均有一定程度改善，其中修正后的 CMIN/DF（卡方自由度比）为 1.576（<3），表明修正模型与实际调研数据的适配程度比较理想。结合其他适配度指标值来看，修正模型的 GFI（拟合良好性指标，0.928）、NFI（标准拟合指数，0.951）、IFI（增值拟合指数，0.934）和 CFI（比较拟合指数，0.917）均大于 0.9，RMSEA（近似误差均值方根）为 0.046（<0.05），这些检验指标已达标，表明修正后的模型（与初始模型相比）适配度更加理想。

表 7 - 5　跨境农产品供应链关系稳定性对联盟绩效的结构方程
整体拟合效果及修正

统计检验指标	修正前指标值	修正后指标值	评价标准及结果
CMIN/DF（卡方自由度比）	1.912	1.576	<3，较理想
GFI（拟合良好性指标）	0.855	0.928	>0.9，较理想
NFI（标准拟合指数）	0.836	0.951	>0.9，较理想
IFI（增值拟合指数）	0.872	0.934	>0.9，较理想
CFI（比较拟合指数）	0.950	0.917	>0.9，较理想
RMSEA（近似误差均值方根）	0.063	0.046	<0.05，较理想

(二) 结构方程模型估计结果

运用 AMOS17.0 软件对关系稳定性与跨境农产品供应链联盟绩效的影响进行结构方程模型分析，得出跨境农产品供应链关系稳定性之承诺与信赖、联盟预期、关系资本以及利益分享各因素对联盟绩效的影响与作用路径（见图 7 - 4），其中标准化路径系数分析及假说检验结论如表 7 - 6 所示。

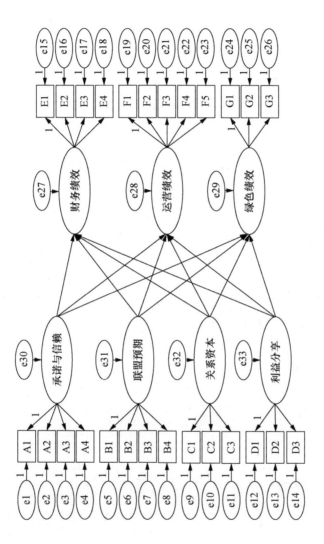

图7-3　跨境农产品供应链关系稳定性对联盟绩效影响的结构方程模型(修正后)

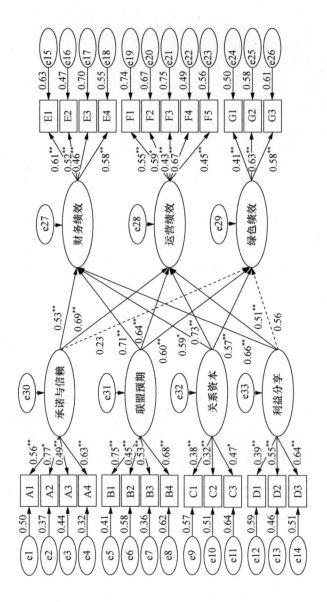

图 7 - 4 关系稳定性对跨境农产品供应链联盟绩效影响与作用路径

注：*、**分别表示在10%、5%显著性水平上显著。虚线表示未通过显著性检验，实线表示通过显著性检验。

表 7 - 6　　　　　　　　标准化路径系数分析及假说检验结论

假说验证	路径说明	路径系数	P 值	结论
H1a	承诺与信赖→财务绩效	0.53 **	0.037	支持
H1b	承诺与信赖→运营绩效	0.69 **	0.022	支持
H1c	承诺与信赖→绿色绩效	0.23	0.207	不支持
H2a	联盟预期→财务绩效	0.71 **	0.032	支持
H2b	联盟预期→运营绩效	0.64 **	0.040	支持
H2c	联盟预期→绿色绩效	0.60 **	0.018	支持
H3a	关系资本→财务绩效	0.59 *	0.067	支持
H3b	关系资本→运营绩效	0.73 **	0.029	支持
H3c	关系资本→绿色绩效	0.57 **	0.043	支持
H4a	利益分享→财务绩效	0.66 **	0.017	支持
H4b	利益分享→运营绩效	0.51 **	0.036	支持
H4c	利益分享→绿色绩效	0.56	0.185	不支持

注:** 为在5%的显著性水平上显著。

从图 7 - 4 和表 7 - 6 综合可以看出，H1a、H1b、H2a、H2b、H2c、H3a、H3b、H3c、H4a、H4b 假设成立，H1c、H4c 假设不成立。关系稳定性之承诺与信赖因素对跨境农产品供应链联盟财务绩效、运营绩效的路径系数为 0.53、0.69（5% 显著性水平）；关系稳定性之联盟预期因素对跨境农产品供应链联盟财务绩效、运营绩效、绿色绩效的路径系数分别为 0.71、0.64、0.60（均为 5% 显著性水平）；关系稳定性之关系资本因素对跨境农产品供应链联盟财务绩效、运营绩效、绿色绩效的路径系数为 0.59（10% 显著性水平）和 0.73、0.57（5% 显著性水平）；关系稳定性之利益分享因素对跨境农产品供应链联盟财务绩效、运营绩效的路径系数分别为 0.66、0.51（5% 显著性水平）。

从图 7 - 4 还可以看出，关系稳定性各因素及跨境农产品供应链联盟绩效各指标的参数估计值有以下特点：第一，在关系稳定性各因素测量指标中，除承诺与信赖因素下核心企业商请其他成员进行联盟利益平衡与协调（A2）和关系资本因素下联盟成员间信息共享性、信息对称性高（C3）这两个指标的显著性为10%外，其余指标均在5%的显著性水平上显著，同时指标因子负荷在0.32—0.75，说明指标对潜变量具有较强的解释力。第二，在联盟绩效各维度测量指标中，除"跨境农产品供应链联盟响应顾客速度提升"（F2）指标的显著性水平为10%外，其余指标显著性水平均为5%，各维度（指标）因子负荷在0.41—0.67，可见这些维度（指标）亦对潜变量具有较强的解释力。

第六节　计量结果分析

一　承诺与信赖因素的影响

关系稳定性之承诺与信赖因素对跨境农产品供应链联盟运营绩效的影响（路径系数0.69，5%显著性水平）大于财务绩效（路径系数0.53，5%显著性水平）。H1c（假设）不成立，这可能是因为包括契约、均衡、经验、投资等在内的承诺与信赖因素对跨境农产品供应链联盟的现实利益产生直接效用，而对符合当下特别是未来农产品跨境流通绿色要求的相关绩效影响不明显。承诺与信赖因素对跨境农产品供应链联盟财务绩效、运营绩效影响显著的可能原因，一是跨境农产品供应链联盟属联盟型组织形态，其运作发展需要契约等的支撑，因此成员间相互承诺与信赖影响显著。跨境农产品供应链联盟成员之间达成承诺或契约，彼此默契，既可强化联盟稳定性，又可以"默契"促进流通效率的提高，因此该变量对财务、运营绩效影响显著。二是核心企业作为跨境农产品供应链联盟的主导，在涉及重大利益时能够平衡考虑其他成员企业，对于提升整个联盟人财物等资源的有效配置水平和多重耦合效应至关重要。三是跨境农产品供应链联盟是成员之间基于以往合作（这种合作可能是松散的、临时的）并着眼于长远而形成的企业（含类企业性质组织）集合体，良好的合作基础或经验对跨境农产品供应链运作十分重要。四是在联盟框架下，成员企业特别是核心企业对自身和联盟的技术（如物联网技术和深加工技术）、管理乃至人力投入会加大，技术、管理的升级和人力资源能力（素质）的提高会进一步较大程度地影响联盟财务、运营绩效的发挥。

二　联盟预期因素的影响

从联盟预期因素来看，其对跨境农产品供应链联盟的财务绩效、运营绩效及绿色绩效影响均存在显著影响，在 5% 显著性水平下其路径系数分别为 0.71、0.64、0.60。究其原因可能在于：一是跨境农产品供应链联盟作为拥有共同目标和愿景的企业（含类企业性质组织）集合体，以降低联盟总成本、追求无缝链接、实现联盟整体与成员长远利益为己任，会直接影响联盟三个方面绩效；二是跨境农产品供应链联盟成员企业实力层级（即实力对等性）差异明显，弱势企业高度依赖实力较强的企业（如核心企业），在这样的背景下，成员企业对联盟决策与规划（一般由核心企业发布）执行往往比较到位，从而使整个链条处于相对稳定的运行状态，该状态是稳定乃至提升联盟绩效的前提和基础；三是跨境农产品供应链联盟涉及本地生产、跨境流通、东盟销售等多个环节，每个环节基本上对应一个成员企业，它们在技术（指专门业务）上各有优势、在资源上互有禀赋，形成不可分割的利益共同体、命运共同体，进而致力于其财务、运营乃至绿色绩效的实现；四是跨境农产品供应链作为增值链，其成员共同致力于农产品品质与附加值的提升，有助于链条互动、损耗减少与价值增值，因此该变量对财务、运营和绿色绩效影响显著。

三　关系资本因素的影响

从关系资本因素来看，跨境农产品供应链联盟的财务绩效、运营绩效及绿色绩效受关系资本因素的影响显著，其路径系数分别为 0.59（显著性水平为 10%）和 0.73、0.57（显著性水平均为 5%）。其可能原因在于：一是成员企业间多频次且深度的联盟合作（包括链条运作及合作、利益合作与长远合作等），作为一种资本积淀下来，会对跨境农产品供应链联盟的顺利运转与可持续发展产生直接作用；二是建立健全和维护升级跨境农产品供应链联盟关系资本，在诸多重大决策（如资源配置、节点优化、绿色发展等）问题上，核心企业还可商请其他成员企业统一进行协调和沟通，因此财务、运营、绿色绩效受此变量影响显著；三是跨境农产品供应链联盟的管控离不开信息的互联互通，与此相对应，联盟成员间信息共享性、信息对称性强，既可减少跨境农产品流通的交易成本，也可提升流通效率，创造绿色价值，基于此，跨境农产品供应链联盟的财务绩效、运营绩效及绿色绩效受变量"联盟成员间信息共享性、信息对称性高"的影响显著。

四　利益分享因素的影响

从利益分享因素来看，跨境农产品供应链联盟的财务绩效和运营绩效受利益分享因素的影响显著，其中利益分享因素对其运营绩效（路径系数 0.51，5% 显著性水平）的影响小于财务绩效（路径系数 0.66，5% 显著性水平）。H4a、H4b 假设成立，H4c 假设不成立，可能是因为基于成本投入、收益贡献、风险承担等因素进行利益分享与利益联结的设计会对联盟成员最为迫切和现实的两类绩效（财务绩效和运营绩效）产生直接效用，而对包括降低跨境农产品单位能源损耗、提高废弃物回收率及绿色技改销售投入比等因素在内的绿色绩效影响不明显。利益分享因素对跨境农产品供应链（联盟）的财务绩效、运营绩效影响显著，其可能的原因在于：一是按照成本投入大小进行联盟利益分享，会激励成员企业特别是核心企业加大技术、管理及人力等方面的投入，促使联盟运作进入持续营收的良性循环，推动财务、运营绩效的提升；二是按照收益贡献大小进行联盟利益分享，会激励成员企业为提高联盟总收益而不断努力，包括运作协调、产品附加等，因此该变量对财务绩效、运营绩效影响显著；三是按照承担风险大小进行联盟利益分享，可激励成员企业主动识别、承担并应对跨境农产品流通过程中面临的各种风险和挑战，对提高跨境农产品供应链的运作水平与营收稳定性至关重要。

第七节　小结与管理启示

本章利用广西—东盟跨境农产品供应链调研数据，基于"关系稳定性—联盟绩效—跨境农产品供应链优化"分析框架，运用结构方程模型分析关系稳定性（因素）对跨境农产品供应链联盟绩效的影响，结论认为：跨境农产品供应链联盟财务绩效、运营绩效均受承诺与信赖、联盟预期、关系资本和利益分享等因素的显著影响；其绿色绩效受联盟预期因素和关系资本因素的显著影响，充分证明了关系稳定性对跨境农产品供应链联盟绩效的影响和作用。即对联盟整体而言，合作关系越稳健，所产出的联盟绩效越高，反之则会影响联盟整体"共同目标"和成员个体"私人目标"的实现。然而由于当前学术界对跨境农产品供应链的研究尚处于探索阶段，本章基于数据可获得性来选取样本可能会存在一定的局限性，对跨境农产品供应链稳定机理和绩效激励的深入探讨也是下一步研究的重要方向。

通过本章研究可以得到以下管理启示：

（1）基于承诺与信赖创新的跨境农产品供应链联盟绩效提升。

其一，重视跨境农产品供应链联盟成员契约精神塑造。契约精神是交易双方或参与各方之间为实现特定目标而形成的契约关系与内在原则。跨境农产品供应链联盟涉及多个节点式成员企业，"没有规矩、不成方圆"，为使这些成员企业能够始终围绕跨境农产品流通这一中心目标并实现步调一致，联盟与核心企业应注重契约精神培育与信任氛围营造，包括契约关系设计及内在原则制定等。其二，完善跨境农产品供应链联盟成员利益联结机制。利益联结是跨境农产品供应链联盟形成和发展的重要纽带，或者说是最核心最关键的捆绑形式，利益联结机制的完善应根据跨境农产品供应链联盟类型的不同而因地制宜，突出科学性与合理性。其三，确立跨境农产品供应链联盟成员技术投资保障。即为跨境农产品供应链联盟成员技术、管理及人力等投资划定保障底线，由联盟应采取适当形式予以扶持或补贴，鼓励其进行创新实践。

（2）基于联盟预期创新的跨境农产品供应链联盟绩效提升。

其一，做好联盟成员企业合作发展中长期规划。中长期合作规划是一个企业联盟发展的纲领性文献，具有指南针、航标灯、操作码等多种助推作用，对成员企业自身而言，更是一颗定心丸，可引导联盟与成员企业走向未来。其二，打造以核心企业为主导且优势互补的联盟集团。即要求各成员企业应以核心企业为主导，专注于自身核心优势业务，使整个链条互补性更强，使核心企业实力倍增。其三，提升跨境农产品技术含量与出口竞争力。跨境农产品供应链联盟竞争力提高的基础是农产品品质，只有技术附加值高的农产品才具有出口竞争力，因此联盟与核心企业应加强特色农产品的开发和一般农产品的深加工。

（3）基于关系资本创新的跨境农产品供应链联盟绩效提升。

一方面，建立健全联盟成员定期或不定期会晤与合作磋商机制。定期或不定期会晤与合作磋商机制围绕联盟成员共同关注并致力推进的跨境农产品供应链合作问题进行磋商、共同解决，有利于联盟成员消除误会与隔阂，统一思想与行动，同时也为联盟与核心企业决策部署的实施及推进提供了平台和机会。另一方面，研发应用跨境农产品流通信息共享平台。当前，物联网、车联网等技术以及跨境电商平台已经分别应用于农产品流通领域，但却各成一体，缺乏连通，鉴于当前跨境农产品供应链发展实际，亟待研发跨境农产品流通信息共享平台，以减少跨境农产品供应链联盟成员企业间的信息不对称性，避免资源浪费。

（4）基于利益分享创新的跨境农产品供应链联盟绩效提升。

一方面，改进联盟成员企业利益分享和评估系统。跨境农产品供应链联盟成员利益分享是一个动态的过程，无论是联盟初创、发展还是成熟的不同阶段甚至面对环境变化时，其利益分享依据和标准都应进行调整，即在改进现有联盟成员企业利益分享机制基础上，合理划定联盟成员主体的权力边界与责权利关系，进一步完善跨境农产品供应链联盟成员利益分享及评估体系。另一方面，提高跨境农产品供应链风险识别与应对能力。跨境农产品供应链联盟风险既有纵向风险（如本地生产、跨境流通、东盟销售），又有横向风险（如经济政策、政治环境），因此联盟在运作过程中，要充分发挥各成员主动性、积极性，共同防范并化解来自多方面的风险和挑战。

第八章 跨境农产品供应链的优化：关系 稳定性和联盟绩效双重视角[*]

第一节 引言

随着中国—东盟农产品流通产业的迅猛发展和出口（东盟）市场的竞争加剧，跨境农产品流通组织已不再是单独的涉农涉外企业与企业间的竞争，而是以核心企业为主导的跨境农产品供应链（联盟）间的综合较量。文献研究表明：一方面，跨境农产品供应链的不确定性和风险导致整个链条协调度降低、脆弱性增加（樊星等，2016），这种不确定性和风险主要来自合作成员间关系与合作收益的稳定程度（罗必良等，2012；黎继子等，2015），以及农产品境外市场环境的突变性（于梦晓、姜道奎，2015）；另一方面，跨境农产品供应链优化是一个由核心企业带动的、动态的、持续的过程（Roekel et al.，2007），且核心涉农企业在跨境农产品供应链中处于主导地位，强调并注重合作关系调整、合作绩效重构等（赵晓飞，2012）。可见，关系稳定性、联盟绩效系跨境农产品供应链优化的重要切入点和落脚点，然而目前涉及关系稳定性和联盟绩效双重视角下跨境农产品供应链优化的研究成果尚不

---

* 本章根据隋博文《广西—东盟跨境农产品供应链优化研究——基于关系稳定性和联盟绩效的双重视角》（《农业经济与管理》2016 年第 5 期）修改而成。

多见。

　　事实上，跨境农产品供应链的竞争优势主要来源于两方面：其一，在增强关系稳定性的同时，降低跨境贸易成本；其二，在改进联盟绩效的同时，规避国际市场风险。由于关系稳定性因素和联盟绩效指标是跨境农产品供应链生成和发展的决定因素，关系稳定性增强和联盟绩效改进自然成为其整体优化并进一步获取竞争优势的核心。鉴于此，本书拟以广西—东盟跨境农产品供应链为例，尝试设计基于关系稳定性和联盟绩效双重视角的跨境农产品供应链优化模型，即首先综合考察广西—东盟跨境农产品供应链运作实践，然后基于"关系稳定性—联盟绩效—跨境农产品供应链优化"的理论分析框架，揭示跨境农产品供应链（结构和流程）优化动因，其三，基于关系稳定性和联盟绩效双重视角探讨跨境农产品供应链优化设计问题。

第二节　广西—东盟跨境农产品供应链：
三个层面的考察

　　综观国内外文献，农产品供应链研究集中于三个层面：稳定性（含关系稳定性）、联盟绩效（主要是绩效评价）、供应链优化（主要是结构和流程优化），三者构成农产品供应链理论的框架体系（常冉，2013；吴孟霖，2015）；从某种意义上来讲，农产品供应链优化倒逼关系稳定性增强和联盟绩效改进。同样，对广西—东盟跨境农产品供应链的现实考察，也拟从这三个层面依次展开。2016年2—3月，通过实地调研和电子邮件调研相结合的方式收集具有一定代表性的50家广西—东盟跨境农产品供应链核心企业（考虑数据可获得性，电商企业未纳入）相关数据，关系稳定性、联盟绩效及供应链优化考查测度情况描述见表8－1。

表 8 - 1　　　　　广西—东盟跨境农产品供应链调研情况　　　　单位：个

关系稳定性层面		联盟绩效层面		供应链优化层面	
考查测度	制定企业数	考查测度	"低"评值企业数	考查测度	"低"评值企业数
契约设计	29	稳健增值	36	扁平、紧凑	43
发展规划	16	耦合高效	33		
捆绑行动	13			透明、简短	39
分配机制	30	节能环保	38		

注：捆绑行动是指为生成和发展"关系资本"所进行的纲要谋划与实施。

一　关系稳定性：参差不齐

跨境农产品供应链关系稳定性因素主要有承诺与信赖、联盟预期、关系资本和利益分享。基于此，为更直观判断广西—东盟跨境农产品供应链关系稳定性质量，将考查测度设为是否制定有较为具体或科学的契约设计（伏红勇、但斌，2015）、战略规划（王丽娟，2009；张洪坤，2015）、捆绑行动（刘春玲等，2013）和分配机制（梁鹏、李江，2013）。表 8 - 1 显示，通过核心企业制定跨境农产品供应链（联盟）契约设计、战略规划、捆绑行动以及分配方案的（核心企业）占比分别为 58%（29 家）、32%（16 家）、26%（13家）、30%（15 家），可见，广西—东盟跨境农产品供应链（联盟）制定正式契约的仅占 1/2 强、制定战略规划和捆绑行动以及分配方案的则不足 1/3，表明联盟和核心企业对关系稳定性普遍重视不足，大多仅停留在经验或口头上，关系稳定性质量可谓参差不齐。

二　联盟绩效：增幅有限

跨境农产品供应链联盟绩效（一级）指标主要包括财务绩效、运营绩效和绿色绩效三类，与关系稳定性类似，广西—东盟跨境农产品供应链联盟绩效的考查测度依次设为稳健增值程度（付海臣，2010；纪良纲等，2015）、耦合高效程度（杜红梅，2010）、节能环保程度（高艳等，2012）。

由表 8 - 1 可见，跨境农产品供应链（联盟）稳健增值、耦合高效、节能环保程度均处于较低水平，分别占调研核心企业总数的72%（36家，近3/4）、66%（33家，近2/3）、76%（38家，近4/5）。总体来看，广西—东盟跨境农产品供应链联盟绩效水平基本与往期持平且小有增幅，应该还有较大增长空间。

三　供应链优化：开展较少

跨境农产品供应链优化维度主要涉及结构和流程两个方面，同时基于直观判断广西—东盟跨境农产品供应链优化质量及尺度的考量，将结构考查测度设为扁平化和紧凑型等级（冷志杰，2007）、流程考查测度设为透明化与简短性等级（李宪宁等，2013）。根据表8－1统计结果，跨境农产品供应链（联盟）结构扁平化和紧凑型等级、流程透明化与简短性等级均较低，分别占调研核心企业总数的86%（43家）、78%（39家），表明目前广西—东盟跨境农产品供应链自动自发优化较少，在结构和流程方面深度及广度的优化更少。可能原因除资金、技术、政策等约束外，还在于普遍缺少相应跨境农产品供应链管理的理论导引和操作指南。

第三节　跨境农产品供应链优化的动因：逻辑框架的解释

"关系稳定性—联盟绩效—跨境农产品供应链（结构和流程）优化"理论分析框架作为SCP（即行为—绩效—结构）修正式的拓展，解释了关系稳定性因素是跨境农产品供应链优化的参照基础，联盟绩效是跨境农产品供应链优化的诊断依据及跨境农产品供应链关系稳定性（因素）对联盟绩效（指标）产生重要影响的内在机理等理实一体化问题。结合上述广西—东盟跨境农产品供应链三个层面的现实考察及客观研判，给出跨境农产品供应链优化的动因描述（见表8－2）。

表8-2　　　　　广西—东盟跨境农产品供应链优化动因描述

关系稳定性因素	优化参照基础	联盟绩效指标	优化诊断依据	供应链优化维度	优化目标
承诺与信赖	契约设计	财务绩效	稳健增值	结构	扁平、紧凑
联盟预期	发展规划	运营绩效	耦合高效		
关系资本	捆绑行动			流程	透明、简短
利益分享	分配机制	绿色绩效	节能环保		

　　由表8-2可知，契约设计、发展规划、捆绑行动和分配机制是跨境农产品供应链优化的参考基础，也是关系稳定性四因素的直观表达；稳健增值、耦合高效与节能环保程度是跨境农产品供应链优化的诊断依据，也是联盟绩效（三个一级）指标的直观表达；扁平化、紧凑型的结构以及透明、简短的流程是跨境农产品供应链优化目标维度的直观表达。按"关系稳定性—联盟绩效—跨境农产品供应链优化"的理论分析进路，跨境农产品供应链优化的参照基础、诊断依据和目标维度构成一个具有逻辑意义和实际操作价值的框架体系，即通过参照基础的调整和完善、诊断依据的识别和权衡可实现跨境农产品供应链的优化组合。

第四节　跨境农产品供应链优化（模型）的设计：双重视角

　　一般而言，优化供应链就是要减少或调整供应链中的非增值节点和环节，使供应链中各要素的配合和运转统一并协调起来，从而实现成本的最小化、效益的最大化。就流通企业来说，供应链优化即为优化流通企业与生产者、消费者等之间的分工与协作，其目的在于降低企业运营成本、提高要素生产效率（杨利军，2016）。而基于关系稳定性和联盟绩效双重视角的跨境农产品供应链优化，则是联盟及其成员企业之间以增强关系稳定性为基础、以改进联盟绩效为着力点并围绕结构和流程进行的持续性优化探索。

一　总体目标

跨境农产品供应链优化设计的根本目的是实现跨境农产品在中国（广西）—东盟供需双方间"多快好省"的实体生产（加工）、流通和销售，以期跨境农产品供应链结构的扁平和紧凑、流程的透明与简短。因此，跨境农产品供应链的优化设计应以成本为核心，调整联盟成员主体间矛盾，关注总体绩效，以实现整体最优（傅国华，2012）。换言之，要使跨境农产品供应链投入最少，总成本最低，效率最高。优化设计后的跨境农产品供应链在关系稳定层面上，应引导成员企业以联盟的不同方式组织起来积极参与跨境农产品的生产（加工）、流通和销售，形成"拳头"效应；在联盟绩效层面上，以核心企业为主导载体，将传统跨境农产品供应链资源与新兴技术（包括管理技术）加以整合，在中国—东盟自由贸易区（CAFTA）框架下，提高跨境农产品供应链的质量和效率，打造核心竞争优势。

二　基本思路

根据跨境农产品供应链各成员主体间差异，从三个层面考察分析广西—东盟跨境农产品供应链现实情况，识别出关系稳定性、联盟绩效及供应链优化等方面存在的问题。在此基础上，提出跨境农产品供应链优化设计的基本思路。首先，根据"关系稳定性—联盟绩效—跨境农产品供应链优化"理论路径，界定跨境农产品供应链结构和流程的基本框架：由1个核心企业，1个信息共享平台，2个自检或评估系统——关系稳定性自检或反馈系统和联盟绩效评估系统组成，通过联盟各成员主体，整合跨境农产品供应链资源。其次，依托相关物联网技术，有步骤、分层次地对跨境农产品供应链1个平台、2个系统做出相应的功能设计。最后，提出增强关系稳定性质量、改进联盟绩效水平的解决方案。

三　设计的优化模型

跨境农产品供应链（联盟）类型（结构及其流程）共7种：物流园区主导型、仓储基地主导型、农产品出口加工企业主导型、国际物流公司主导型、口岸主导型、批发市场主导型和电商平台主导型。重要的是，从跨境农产品供应链核心企业一般所处环节（或节点）来看，农产品批发市场、物流园区、加工企业、出口企业、仓储基地、国际物流中心（企业）、口岸（集团）等具有一定顺序性和嵌入性。同时，借鉴集成思想并结合关系稳定性和联盟绩效的约束或要求，跨境农产品供应链优化模型可有两种设计：集成式（见图8-1）和独立式（见图8-2）。其中，集成式旨在农产品本地生产（加工）、跨境流通、东盟销售等诸多环节进行功能和空间集成，其本质是一个关系型"虚拟组织"；独立式则突出核心企业以及核心企业统一管控的（农）产品流、信息流和资金流等联盟绩效点的作用。

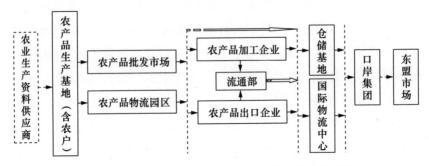

图8-1　集成式跨境农产品供应链优化（设计）模型

注：虚线表示该环节可能不止一家成员企业。

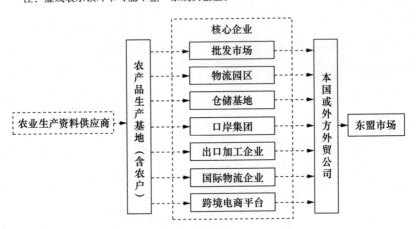

图8-2　独立式跨境农产品供应链优化（设计）模型

注：虚线表示该环节可能不止一家成员企业。

第五节　双重视角下跨境农产品供应链的优化（整合）路径

从整体来看，中国（广西）—东盟跨境农产品供应链尚处于起步阶段，多属分散性经营，资源利用率和协同程度不高，亟须"抱团"发展，即进行跨境农产品供应链优化（整合）。从关系稳定性和联盟绩效角度出发，跨境农产品供应链整合是一种跨境农产品供应链（单条供应链内部和各类供应链间）伙伴之间为了给顾客（本书指东盟国家消费者）提供更优质的服务和提高整体竞争优势，而进行高水平、多维度合作的管理方法，主要包括信息整合、协调与资源共享及组织互联等方面。

一　路径一：信息整合

（1）单条供应链（内部）的信息整合。作为单条供应链，信息整合主要是依托 EDI、GPS、条码技术等信息技术，来增强其内部伙伴成员间的信息交流，实现对广西—东盟跨境农产品供应链各个环节的实时跟踪、有效控制和全程管理。如农产品出口加工企业供应链（供应商）根据（整合的）东盟国家市场经销商或零售终端需求信息，向其上游的农户（或合作社、生产基地等）发布生产或订购信息，实现内部伙伴成员间的信息连接和与目标终端消费者之间的信息连接，促使该供应链（内部）伙伴成员共享信息、共创利润空间。

（2）各类供应链间信息整合。多条供应链间的信息整合涉及在各类跨境农产品供应链之间信息和知识的共享。通过建立健全共享信息（查询）数据库，各类跨境农产品供应链均可在该平台寻求或分享市场需求信息、品类信息、价格信息、流通信息、质量信息、路况信息、天气信息以及贸易壁垒、冷链保鲜知识等，适时调整计划、方案或开启合作、共赢，切实降低跨境农产品供应链成本及其风险。

二 路径二：协调与资源共享

（1）单条供应链（内部）协调与资源共享。内部协调与资源共享主要涉及单条跨境农产品供应链资源（包括决策权、工作任务、利润及风险等）的调整与配置。事实上，单条供应链（内部）协调与资源共享是比较容易实现的，其协调与资源共享事宜基本上都可由一个核心组织（企业或类企业性质组织，如物流园区）主导完成，因为核心组织拥有决策权、工作任务（如种植、加工、销售）以及利润和风险的支配权等，但有时会让农户等链上基层组织处于弱势地位。

（2）各类供应链间协调与资源共享。各类供应链间的协调与资源共享主要体现为，在特殊条件下，不同供应链间如何进行资源补给和互通有无。如仓储基地主导型供应链（供应商）在有大量农产品需要进行仓储中转且自身仓储能力非常有限的条件下，可以协调就近物流园区主导型供应链（供应商）联合开展仓储中转服务。这样，一方面提高了跨境农产品供应链的资源利用率和运作效率，另一方面还化解了供应链风险、实现了双赢。

三 路径三：组织互联

（1）单条供应链（内部）组织互联。在一个整合的跨境农产品供应链中，伙伴成员间必须相互适应才能有效协调，即建立组织互联。对于单条供应链（内部）伙伴成员间组织互联来说，一是要建立（内部）跨组织信息沟通渠道，建立信息沟通联系人制度及实时发布系统，如通过 EDI、互联网等 IT 技术来实现（内部）跨组织系统（Inter Organizational System，IOS）；二是要健全单条供应链绩效测评体系，定期或不定期公布测评结果，以及找出影响组织互联的关键因素，促进绩效提升。

（2）各类供应链间组织互联。各类跨境农产品供应链的组织互联，则可以建立相应的层级联席会议制度或成立行业企业联合会（或协会），对外形成整体合力，提高跨境农产品供应链核心竞争力，对内发行文化刊物或行政简报，交流科学管理或规范运营经验，当然，也可以建设集信息技术于一身的跨（各类供应链）组织的综合系统，实现广西—东盟跨境农产品供应链间的组织互联。

第六节　双重视角下跨境农产品供应链优化的实施策略

无论集成式还是独立式跨境农产品供应链，从关系稳定性和联盟绩效视角看，其实施总策略主要包括基础设施建设、成员主体建设、流通标准建设、职业（技术）人才建设以及供应链体系建设等分策略（见表 8－3）。

表 8－3　双重视角下跨境农产品供应链优化的分策略及主要内容

分策略	主要内容	在实施总策略中的地位和作用
设施建设	硬设施：跨境流通贸易基础设施（设备）	前提
	软设施：互联互通网络信息系统（"互联网＋"）	
成员主体建设	核心企业：做大、做强并培育国际竞争新优势	基础
	所有成员企业：注重契约联结和组织有序	
流通标准建设	标准：完善跨境农产品流通标准化法规体系	保障
	制度：建立健全联盟国际化运作制度体系	
职业（技术）人才建设	职业人员：面向东盟加强技能培训、提升服务质量	重点
	专业技术人员：加快跨境供应链理论创新和技术研发	
供应链体系建设	方向：产业化、规模化、组织化、信息化、绿色化	根本
	梯次：由点及线、由线到面、由面至体	
	载体：跨境农产品集散基地培育和供应链信息平台建设	

一　基础设施建设是前提

广西—东盟农产品流通产业是固定资产投入较多产业，很大程度上依赖跨境生产（加工）、流通、销售等重要基础设施建设的完备和便利，因而跨境农产品供应链基础设施建设是联盟高效运转的硬条件和软实力，是优化广西与东盟农产品流通产业的基本要求。跨境农产品供应链"硬"基础设施建设主要涉及农产品批发市场、物流园区、加工企业、出口企业、仓储基地、国际物流企业（中心）、口岸（集团）等核心企业或关键环节的基础设施建设，包括冷冻库、气调库、冷藏车辆、绿色通道、"最后一公里"网络等。"软"基础设施建设主要涉及"互联网+"中国（广西）—东盟农业互联互通信息公共服务平台以及跨境农产品供应链（内部）成员企业协作网等。

二　成员主体建设是基础

联盟成员主体是跨境农产品供应链的参与者、实施者甚至组织者，其关系稳定性质量和组织化程度均影响广西—东盟跨境农产品供应链运作效率和流通成本，对促进联盟绩效，增强广西跨境农产品（东盟市场）竞争力有很大关联。一方面可通过契约设计、战略规划、捆绑行动、分配方案等形式加强联盟（成员主体间）关系稳定性质量和组织化程度。另一方面培育跨境农产品大型企业集团，将东盟市场信息传递给联盟其他成员企业，引导本地生产（加工）、跨境流通、东盟销售等节点企业核心业务有序进行（樊端成，2008）。

三　流通标准建设是保障

完善和衔接的流通法规与标准是跨境农产品供应链健康、规范发展的保证。然而，跨境农产品供应链活动涉及诸多环节和领域，双边农产品跨境流通标准与法律法规部分不衔接，甚至存在冲突。因此，在熟悉东盟国家（进口）农产品流通法规和标准基础上，发挥双边政府部门的组织和引导作用，联合双边行业协会、研究机构和跨境流通企业，对接和修订跨境农产品流通标准和法规，保证跨境农产品流通的统一性和安全性，并以此调整广西—东盟跨境农产品供应链联盟（成员企业间）的制度和运作规范。

四　职业（技术）人才建设是重点

跨境农产品供应链特别是生鲜类农产品跨境供应链涉及保鲜、包装、装卸等技术问题，这些技术在很大程度上决定生鲜类农产品跨境供应链的运作效率和流通成本。因此，要加强跨境农产品流通技术的研发和应用，使跨境农产品在供应链环节最大限度地节约能源、减少损耗。跨境农产品流通技术的研发和应用，要由跨境农产品供应链联盟各成员企业相关职业（技术）人员完成，因此加强职业（技术）人才建设是优化供应链管理的重要举措。其中，需加强对职业人员的跨境农产品流通技能培训，为专业技术人才创造良好的研发环境，进行跨境农产品供应链信息技术研发和管理制度创新。

五　供应链体系建设是根本

应对跨境农产品供应链优化之需，要通过产业化、规模化、组织化、信息化、绿色化经营，构建以优势特色农业和农产品加工业为主的外向型农业产业链，延长中国—东盟农业互联互通价值链，打造可持续的跨境农产品供应链；要按照由点（农户"点"、核心企业"点"）及线（跨境农产品供应链"线"）、由线到面（面向东盟的外向型农业"面"）、由面至体（面向东盟的农业外向化资源有机集合体）的梯次递进模式，系统推进跨境农产品供应链体系建设。其中，尤其需要注重大型跨境农产品集散基地和跨境农产品供应链信息平台等载体的培育（建设）。①培育大型跨境农产品集散基地。广西农产品种类丰富、量大质优，但跨境农产品产运销区域分割现象突出（钟凤艳，2012），同时广西作为我国"一带一路"倡议的新门户和新枢纽，核心企业应加大对大型跨境农产品集散基地的投资建设，形成辐射中国—东盟的跨境农产品集散基地网络群，以此作为跨境农产品供应链体系的支撑工程。②充分利用物联网等现代信息技术成果，加强和完善跨境农产品供应链信息平台建设，包括东盟农产品市场监测预警系统、双边供求信息共享平台以及跨境电子商务平台等，实现市场传导、信息对称，在一定程度上改善关系稳定性质量并提高联盟绩效水平。

第七节　小结与管理启示

广西—东盟跨境农产品供应链优化的理论逻辑基础为"关系稳定性—联盟绩效—跨境农产品供应链优化"分析框架，这三个层面的现实情况为：关系稳定性——参差不齐；联盟绩效——增幅有限；供应链优化——开展较少。在此基础上，基于关系稳定性和联盟绩效双重视角，剖析广西—东盟跨境农产品供应链优化的动因，且认为通过参照基础的调整和完善、诊断依据的识别和权衡可以实现跨境农产品供应链的优化组合；对广西—东盟跨境农产品供应链作出了优化（模型）设计，包括总体目标、基本思路与模型建构等，提出实施广西—东盟跨境农产品供应链优化的路径和策略。值得注意的是：有了设施条件、成员主体、流通标准、职业（技术）人才、供应链体系等建设，并不意味着跨境农产品供应链（联盟）可以自动优化，因为形成和优化跨境农产品供应链的关键在于内外资源的"集成"，这就涉及关系稳定性和联盟绩效双重视角下每个成员企业的内部运作与相互统整。

面向东盟的中国（广西）—东盟农业互联互通系统主要包括本地（中国广西）生产、跨境流通和东盟销售（贸易）三个重要环节。跨境农产品供应链是本地生产、跨境流通和东盟销售（贸易）过程中不可或缺的联盟性组织活动，跨境农产品供应链贯穿了本地生产、跨境流通和东盟销售（贸易）的全过程。可以说广西—东盟跨境农产品供应链优化是一个复杂的系统工程，仅单靠联盟或核心企业很难完成，需国家、地方及其相关政府部门在以下几个方面予以政策支持：①重大设施投资政策。继续支持中国（广西）—东盟农产品批发市场、中国（广西）—东盟农产品冷链物流等跨境农产品流通基础设施建设。特别是我国"一带一路"沿线地区海陆路网（通道）一体化建设、中国（广西）—东盟农产品互联互通（信息）基础工程建设等，主要是基础设施投资额巨大、回报期较长（刘国斌，2016）。②法律法规配套政策，特别是符合国际农产品流通贸易的政策配套及广西—东盟跨境农产品供应链市场运作准入与退出机制。当前面临市场国际化的跨境农产品流通的法律（法规）调整，不仅需要已有国内农产品流通法律法规予以保障，更需借助农产品流通和出口的国际通行做法或制度经验来实现。③补贴扶持救济政策，如减免跨境农产品出境（国）路桥费及商检费、扶持特大型跨境农产品核心企业、对遭受东盟冲击的广西（出口）农产品实行补贴等。尤其是在中国—东盟农产品流通贸易"零关税"背景下，我国采取适当的补贴扶持救济政策，对跨境农产品流通产业的持续健康发展具有重要作用（贾敬敦等，2015）。

总之，实现中国（广西）—东盟跨境农产品供应链优化（整合）的目标和愿景，既需要国家和自治区政策的导引与保障，也需要技术和法律手段的支持与护佑，更需要链上广大企业（含农户）的合作共赢。特别是在动态条件下，当信息技术、政府补贴、利润返补、专用性损失、保险和期权以及跨境电商、物流、金融等以适当的形式组合实施或应用时，跨境农产品供应链的"优化"才可以成为一种进化稳定策略，优化（整合）后的效能方能得到充分发挥。

上述管理启示和政策建议在一定意义上可增强广西—东盟跨境农产品供应链（联盟）关系稳定性质量并提高联盟绩效水平，达到优化供应链结构和流程的目的。

第九章　结论、启示与讨论

　　本书基于中国—东盟农业互联互通的历史进程以及现有的跨境农产品供应链（联盟）格局与特征的总结梳理，以供应链理论和流通产业组织理论为指导、以面向东盟的跨境农产品供应链为研究对象及维度，由此构建"关系稳定性—联盟绩效—跨境农产品供应链优化"的理论分析框架，并在识别关系稳定性关键影响因素和确定联盟绩效主要指标测度基础上，揭示关系稳定性对跨境农产品供应链联盟绩效的影响路径与作用机理，进一步厘清跨境农产品供应链优化的逻辑线索及其思路与方法。总结全书，能够得到若干重要结论与启示。

第一节　研究结论

　　涉农涉外企业（含农户）之间开展跨境农产品供应链合作，在理论和实践的很多研究中都被认为具有合作价值的创造功能，为了使涉农涉外企业（含农户）的跨境农产品供应链合作关系得以保持、联盟绩效得以提升，需要明确以下几个问题：①跨境农产品供应链的内涵；②哪些因素对跨境农产品供应链关系稳定性具有影响及其影响程度；③跨境农产品供应链联盟绩效应该如何进行评价；④如何通过关系稳定性对跨境农产品供应链联盟绩效产生影响；⑤如何通过关系稳定性和联盟绩效的规制对跨境农产品供应链进行优化。因此，研究结论主要体现在以下几个方面：

第一，跨境农产品供应链的内涵。作为不断丰富与发展的一个概念、一种组织形式和一种新兴业态，跨境农产品供应链已成为中国—东盟农产品流通产业发展的基石，其与传统的农产品供应链相比有着独特之处。一方面，专业化市场、地理区位、企业家精神以及深刻的供求、技术和政策背景等因素相互交织与共同作用，形成物流园区或仓储基地主导型、农产品出口加工企业主导型、国际物流公司或批发市场主导型、口岸主导型、电商平台主导型等多种类型（结构）的跨境农产品供应链；另一方面，跨境农产品供应链具有跨境性、不稳定性、松散性、动态性和复杂性等特征，并在有效衔接与利润普惠、流通成本与价值增值、市场波动与国际竞争等方面转型升级需求迫切。

第二，"关系稳定性—联盟绩效—跨境农产品供应链优化"分析框架的构建：阐释分析框架的内在逻辑和关联机理。无论从供应链、产业链还是价值链的角度来看，关系稳定性、联盟绩效和跨境农产品供应链优化这三者之间都存在着十分密切的联系。供应链理论和流通产业组织理论，特别是SCP范式为"关系稳定性、联盟绩效与跨境农产品供应链优化"的统整分析提供了一个全新的逻辑视角和多维要素空间。尤其要注意的是，跨境农产品供应链优化是涉农涉外核心企业在联盟绩效最优驱动下，根据关系稳定性、联盟绩效及其影响机理进行的结构、流程重构活动。由此，"关系稳定性—联盟绩效—跨境农产品供应链优化"分析框架的内在逻辑和关联机理为：关系稳定性（因素）对跨境农产品供应链联盟绩效有直接影响；联盟绩效（评价）是跨境农产品供应链优化的诊断基础。

第三，跨境农产品供应链关系稳定性影响因素模型的建立和验证：识别出影响关系稳定性的关键因素。跨境农产品供应链作为一项多主体（成员）参与、多要素约束的复杂的系统工程，受到跨境农产品供应链内外部多因素的影响和综合作用，涉及承诺与信赖、联盟预期、关系资本、利益分享等内部因素和市场结构、市场竞争、政策法规、技术支持等外部因素。而识别跨境农产品供应链关系稳定性的关键影响因素，则须明确不同因素对跨境农产品供应链关系稳定性的影响程度和作用路径。实证结果显示：承诺与信赖、联盟预期、关系资本、利益分享等内部因素为主要影响因素且对跨境农产品供应链关系稳定性产生显著影响。

第四，跨境农产品供应链联盟绩效（评价）体系的构建与验证：确定出测度联盟绩效的指标因素。总的来说，对跨境农产品供应链联盟的绩效进行评价，不仅要对其投入产出情况及运营结果作出评价，而且还要考虑它对环境所应承担的绿色责任。遵循供应链绩效评价原则，从财务绩效、运营绩效、绿色绩效三个方面构建跨境农产品供应链联盟绩效评价体系。其中，财务绩效包括成本降低率、去库存水平、销售利润率、资金周转率，运营绩效包括交货提前期、响应速度、交货准确率、生产柔性、订单完成率，绿色绩效包括单位农产品能源利用率、废弃资源回收率、绿色技改销售投入比。实证结果显示：跨境农产品供应链联盟绩效评价体系具有有效性和可行性，该方法可以对跨境农产品供应链联盟绩效进行客观、准确的评价。

第五，关系稳定性对跨境农产品供应链联盟绩效影响（机理）模型的建立及验证：揭示出关系稳定性对联盟绩效的影响机理。一般而言，关系（质量）并不等于绩效（产出），关系只有通过联盟，特别是核心企业的协调与整合，被内化为成员企业的合作遵循，才能推动跨境农产品供应链联盟与核心企业绩效的总体改进。基于理论分析框架，利用实地调研数据，运用结构方程模型分析跨境农产品供应链联盟绩效影响因素，发现关系稳定性对其具有非常重要的影响。实证结果显示：承诺与信赖、联盟预期、关系资本、利益分享等因素对财务绩效、运营绩效影响显著，联盟预期、关系资本等因素对绿色绩效影响显著。

第六，关系稳定性和联盟绩效双重视角下跨境农产品供应链优化模型的设计并应用：探索出持续优化供应链的解决方案。从关系稳定性和联盟绩效双重视角出发，优化跨境农产品供应链，即以增强关系稳定性为基础、以改进联盟绩效为着力点系统性优化核心企业与其他成员企业之间的分工及协作。案例分析表明：跨境农产品供应链优化模型可分为集成式和独立式两种。其中：集成式旨在农产品本地生产（加工）、跨境流通、东盟销售等诸多环节的功能和空间集成，其本质是一个关系型"虚拟组织"；独立式则突出核心企业以及核心企业统一管控的（农）产品流、信息流和资金流等联盟绩效点的作用。

第二节　管理启示

如研究结论所述，跨境农产品供应链（联盟）的创新实践探索从未停止，"关系稳定性—联盟绩效—跨境农产品供应链优化"的理论逻辑框架亦得以验证。但必须认识到，在跨境农产品供应链的发展实践中，应因时、因地制宜地运用相关研究结论，不断优化跨境农产品供应链。站在这样的角度来说，本书研究结论的管理启示尤为值得关注。

第一，通过文献研究、实地调查和专家、高管访谈，对跨境农产品供应链（联盟）的概念演变、理论依据、形成机制、主要类型（结构）、总体特征以及发展困局等进行了全方位、多角度解码，提出"跨境农产品供应链：中国—东盟农产品流通产业发展的基石"的命题，并重点阐明"关系稳定性—联盟绩效—跨境农产品供应链优化"的逻辑机理。一方面，为涉农涉外政府决策机构、行业企业系统了解和认识跨境农产品供应链（联盟）这一新兴业态提供了较为全面的参考资料，特别是为中国—东盟农产品流通产业转型升级政策的制定和制度创新提供了重点方向及基本路径。另一方面，也为跨境贸易、跨境电商、跨境物流和全球供应链的研究者提供了新的思路，尤其是为跨境农产品贸易、跨境农产品电商、跨境农产品物流业的发展和学科融合研究提供了借鉴。

第二，通过识别跨境农产品供应链关系稳定性影响因素，一方面为联盟或核心企业进行跨境农产品供应链关系稳定性关键要素管理与控制提供了依据。联盟或核心企业与（其他）成员企业间拥有稳定的合作方式和契约机制、良好的合作信誉、统一共同愿景和关系预期、稳健的关系网络及其资源、科学合理的利益普惠模式，都有利于跨境农产品供应链（联盟）关系的稳定。另一方面为联盟或核心企业在何种外部环境下更有利于维系和发展跨境农产品供应链关系稳定性提供了指导。东盟农产品市场结构、竞争态势以及中国—东盟双边农产品进出口政策法规的调整等，均促使跨境农产品供应链（联盟）对其自身进行关系稳定性稳健管控和重塑发展。

第三，通过构建跨境农产品供应链联盟绩效评价体系，为衡量由涉农涉外核心企业主导的跨境农产品供应链（联盟）绩效总体水平提供了理论依据和方法参考。提出的跨境农产品供应链联盟绩效评价指标体系涵盖财务绩效、运营绩效和绿色绩效 3 个一级指标及其对应的 12 个二级指标，并通过实证研究得到验证。其中：绿色绩效的设计高度契合"一带一路"倡议需求、新发展理念且便于联盟或核心企业量化统计，测度包括单位农产品能源利用率和废弃资源回收率、绿色技改销售投入比等。

第四，通过进一步揭示关系稳定性对跨境农产品供应链联盟绩效的影响作用，为联盟或核心企业维系和发展跨境农产品供应链关系稳定性、提高联盟绩效水平和质量提供了理论支持和实践指导。一要基于承诺与信赖创新，重视跨境农产品供应链联盟成员契约精神的塑造，完善利益联结机制，确立技术投资保障；二要基于联盟预期创新，做好联盟成员合作发展长期规划，打造以核心企业为主导的优势互补的联盟集团，提升跨境农产品技术含量与出口竞争力；三要基于关系资本创新，建立健全联盟成员定期或不定期会晤与合作磋商机制，研发应用跨境农产品流通信息共享平台；四要基于利益分享创新，改进联盟成员利益分享与评估系统，提高风险识别与应对能力。

第五，基于关系稳定性和联盟绩效双重视角，对跨境农产品供应链（联盟）进行优化设计，明确了跨境农产品供应链优化的主要维度和侧重点、着力点，厘清了跨境农产品供应链优化的前置步骤、逻辑线索和重要遵循，阐释了关系稳定性（因素）和联盟绩效（评价）对跨境农产品供应链优化的研判性意义，这为跨境农产品供应链（联盟）及其核心企业何时对其供应链进行优化、如何自动自发进行供应链自检和优化，提供了理论支持和实践指导。联盟或核心企业依托相关物联网技术，有步骤、分层次地对跨境农产品供应链1个信息共享平台、2个自检或评估系统——关系稳定性自检或反馈系统和联盟绩效评估系统做出相应功能设计，达到精简、高效、稳健、协调、普惠的优化目标。

第三节 进一步的讨论

诚然，本书在研究中还存在以下两个方面的研究局限：一是跨境农产品供应链仅关注了正向性，尚未考虑逆向性；二是样本数量少，缺乏滚动性大样本数据支撑。

第一，供应链理论更多关注的是正向供应链，却较少考虑到正向/逆向供应链的复合性和差异性。就跨境农产品供应链核心企业而言，一般也是以出口/进口功能叠加型为主，但单向的出口农产品供应链与进口农产品供应链在生产（种植、养殖）与加工主体、流通与贸易路径等方面存在诸多不同。可以认为，即使在同一个核心企业主导的跨境农产品供应链中，单向的出口农产品供应链与进口农产品供应链也是有很大差异的。本书关注了核心企业主导的跨境农产品供应链运作，但只是讨论了在中国—东盟农业互联互通中面向东盟的、单向的出口农产品供应链问题。但是，受地域约束，本书没有讨论进口农产品供应链即供应链视角下的农产品进口一体化管控问题，供应链视角下的农产品进口一体化管控也是一个多层面的现实问题。

第二，在"关系稳定性—联盟绩效—跨境农产品供应链优化"理论分析框架下，本书的实证数据来源于跨境农产品供应链（联盟）核心企业的一次性问卷调查和一年期营收报告（第二年仅做对比参考），由于缺乏跟踪问卷（或报告）的数据支持，加之跨境农产品供应链联盟的动态性、适应性，所以本书未能考察多时间节点数据下跨境农产品供应链关系稳定性影响因素、联盟绩效评价指标及其关系稳定性对联盟绩效影响路径和程度的变化，建构的结构方程模型（分析）尚有进一步改进的空间。此外，考虑到跨境农产品供应链的联盟绩效测度及层次，比较分析不同的绩效水平对跨境农产品供应链优化广度和深度的影响，还有待于进一步的持续探讨。

附录 A: 跨境农产品供应链关系稳定性影响因素问卷调查表

本问卷设计的主要目的是分析内外部各因素对跨境农产品供应链（联盟）关系稳定性的影响程度。鉴于学术需要，本问卷研究的对象是面向东盟的跨境农产品供应链（本问卷的信息只用作学术研究目的，以匿名方式保护参与者的个人信息，并将对问卷结果保密）。

一 基本情况调查

请您在所选择的答案上打"√"

1. 您的职位	一般员工	基层管理人员	中层管理人员	高层管理人员
2. 您的企业所在环节（可多选）	生产	加工	流通（物流）	销售（贸易）
3. 您的企业属性	核心企业		一般成员企业	
4. 您所在的联盟规模	大		中	小
5. 您所在的联盟主要经营的农产品种类（可多选）	果蔬类		水产类	谷物类

二　主要变量问卷

请就您所在企业和跨境农产品供应链的实际情况，选择您同意的程度分值，并请在相应方框内打"√"（1 = 非常同意，2 = 同意，3 = 不确定，4 = 不同意，5 = 非常不同意）。

跨境农产品供应链关系稳定性影响因素描述	"同意"程度				
	1	2	3	4	5
（一）内部因素					
（1）成员之间的承诺、信赖与跨境农产品供应链关系稳定性有关					
（2）成员之间的联盟预期与跨境农产品供应链关系稳定性有关					
（3）成员之间的关系资本与跨境农产品供应链关系稳定性有关					
（4）成员之间的利益分享与跨境农产品供应链关系稳定性有关					
（二）外部因素					
1. 市场结构					
（5）东盟农产品需求稳健可促进跨境农产品供应链关系稳定					
（6）与东盟农产品保持差异可促进跨境农产品供应链关系稳定					
（7）东盟农产品市场价格平稳利于跨境农产品供应链关系稳定					
2. 市场竞争					
（8）跨境农产品质量可靠和安全利于跨境农产品供应链关系稳定					
（9）面向东盟的农产品广告营销利于跨境农产品供应链关系稳定					
（10）跨境流通贸易服务改善利于跨境农产品供应链关系稳定					
3. 政策法规					
（11）跨境农产品贸易法规完善利于跨境农产品供应链关系稳定					
（12）跨境农产品流通标准推行利于跨境农产品供应链关系稳定					
（13）跨境农产品各项政策补贴利于跨境农产品供应链关系稳定					
（14）跨境农产品资金汇率稳定利于跨境农产品供应链关系稳定					
4. 技术支持					
（15）"互联网＋"等信息技术应用利于跨境农产品供应链关系稳定					
（16）管理方法和技术创新应用利于跨境农产品供应链关系稳定					

三 其他因素

请您提出可能影响跨境农产品供应链关系稳定性的其他因素（可选择是否回答）。

_____

_____

_____

_____

非常感谢您的参与！

"中国—东盟跨境农产品供应链：框架设计与运行策略"课题组
2015 年 11 月

附录B：关系稳定性影响跨境农产品供应链联盟绩效的问卷调查表

本问卷设计的主要目的是分析关系稳定性对跨境农产品供应链联盟绩效的影响程度。鉴于学术需要，本问卷研究的对象是面向东盟的跨境农产品供应链（本问卷的信息只用作学术研究目的，以匿名方式保护参与者的个人信息，并将对问卷结果保密）。

一　基本情况调查

请您在所选择的答案上打"√"。

1. 您的职位	中层管理人员		高层管理人员
2. 您所在联盟的类型	物流园区主导型　仓储基地主导型　农产品出口加工企业主导型　口岸主导型　批发市场主导型　国际物流公司主导型　电商平台主导型		
3. 您所在联盟的规模	大	中	小
4. 您所在联盟的核心企业业务范围（可多选）	研发　订单　加工　仓储　物流　通关　贸易　零售　批发		
5. 您所在联盟的核心企业经营农产品种类（可多选）	果蔬类	水产类	谷物类

二 主要变量问卷

请就您所在企业和跨境农产品供应链的实际情况，选择您认为的符合程度分值，并请在相应方框内打"√"（1 = 不符合，2 = 不太符合，3 = 符合，4 = 比较符合，5 = 非常符合）。

（一）跨境农产品供应链关系稳定性问题		"符合"程度				
		1	2	3	4	5
维度	题项描述					
承诺与信赖	1. 联盟成员之间遵循相互承诺（或契约）并彼此信赖					
	2. 核心企业商请其他成员进行联盟利益平衡和协调					
	3. 联盟成员间跨境合作具有良好的历史经验					
	4. 联盟框架下成员企业技术设备及人力管理投资增大					
联盟预期	5. 联盟成员间拥有长期合作的信心、愿景和期望					
	6. 核心企业与其他成员企业的综合实力层级分明					
	7. 联盟成员之间资源和技术等方面互补性强					
	8. 联盟框架下成员企业农产品品质和附加值提升					
	9. 跨境农产品价格、质量和市场对联盟成员的影响大					
关系资本	10. 联盟成员间经常进行深度合作					
	11. 核心企业商请其他成员进行重大决策和部署					
	12. 联盟成员间信息共享性、信息对称性高					
利益分享	13. 成本投入大的联盟成员利润划分占比高					
	14. 收益贡献大的联盟成员利润划分占比高					
	15. 承担跨境供应链风险大的联盟成员利润划分占比高					
	16. 推进联盟改革影响力大的联盟成员利润划分占比高					

续表

(二) 跨境农产品供应链联盟绩效问题	"符合"程度				
（加入跨境农产品供应链后的表现）	1	2	3	4	5
维度　　　　题项描述					
财务绩效　1. 跨境农产品供应链联盟整体成本降低					
2. 跨境农产品库存（含在途库存）水平降低					
3. 跨境农产品供应链联盟（东盟）销售利润率提高					
4. 跨境农产品供应链联盟资金周转率提高					
运营绩效　5. 跨境农产品交货提前期缩短					
6. 跨境农产品供应链联盟响应顾客速度提升					
7. 跨境农产品交货准确率提高					
8. 跨境农产品生产（加工）柔性提高					
9. 跨境农产品供应链联盟订单完成率提高					
绿色绩效　10. 单位跨境农产品的能源损耗降低					
11. 跨境农产品供应链联盟废弃资源回收率提高					
12. 跨境农产品供应链联盟绿色技改销售投入比提高					

非常感谢您的参与！

"中国—东盟跨境农产品供应链：框架设计与运行策略"课题组

2016 年 2 月

参考文献

白龙飞：《中国与东盟物流企业跨国战略联盟的绩效评价及其提升
　　策略研究》，硕士学位论文，广西大学，2017年。

白世贞、郭秋霞：《基于粗糙集的猪肉绿色供应链绩效评价指标体
　　系构建》，《江苏农业科学》2016年第8期。

包宗顺：《耕地、劳动力资源利用与农业经营体制创新——基于江
　　苏1086个农户问卷调查资料的分析》，《江海学刊》2012年第
　　4期。

曹永辉：《供应链合作关系对供应链绩效的影响——基于长三角企
　　业的实证研究》，《经济与管理》2013年第2期。

曹云华、胡爱清：《"一带一路"战略下中国—东盟农业互联互通合
　　作研究》，《太平洋学报》2015年第12期。

曹志强、杨筝、覃千恩：《基于SWOT—PEST矩阵的跨境农产品物
　　流发展策略研究》，《物流工程与管理》2017年第11期。

常良峰、卢震：《供应链的利润模型与优化问题》，《东北大学学报》
　　（自然科学版）2002年第10期。

常冉：《国内关于农产品供应链稳定性研究的文献综述》，《经济视
　　角》2013年第21期。

陈长彬、陈泉、盛鑫：《供应链合作关系稳定性的博弈分析》，《工
　　业技术经济》2015年第2期。

陈冬冬：《农户信任关系及其演化：基于农业供应链的研究》，《商
　　业研究》2010年第4期。

陈菲琼、范良聪：《基于合作与竞争的战略联盟稳定性分析》，《管

理世界》2007 年第 7 期。

陈功玉、王洁：《全球化环境下中国企业的全球供应链管理》，《中山大学研究生学刊》（社会科学版）2007 年第 4 期。

陈国权：《供应链管理》，《中国软科学》1999 年第 10 期。

陈继元：《美国专有权利与特许经营跨境贸易研究》，《中国外资》2013 年第 12 期。

陈剑、黄朔：《供应链结构研究进展》，《系统工程学报》2002 年第 3 期。

陈利民、郑平、纪淑娴：《基于蛛网模型的供应链合作关系灰局势评价》，《物流技术》2012 年第 13 期。

陈清华：《基于可持续发展的供应链流通渠道优化研究》，《社会科学辑刊》2013 年第 6 期。

陈瑞义、石恋、刘建：《食品供应链安全质量管理与激励机制研究——基于结构、信息与关系质量》，《东南大学学报》（哲学社会科学版）2013 年第 4 期。

陈小霖、冯俊文：《农产品供应链风险管理》，《生产力研究》2007 年第 5 期。

陈耀、生步兵：《供应链联盟关系稳定性实证研究》，《管理世界》2009 年第 11 期。

陈祖武、杨江帆：《跨境电商平台在降低农产品出口成本中的作用》，《云南社会科学》2017 年第 3 期。

成栋、孙莹璐：《决定产业供应链绩效的关键因素——基于快速消费品行业的实证研究》，《中国流通经济》2017 年第 4 期。

初颖、刘鲁、张巍：《基于聚类挖掘的供应链绩效评价的标杆选择法》，《管理科学学报》2004 年第 5 期。

崔艳红：《跨境电子商务促进农产品出口成本下降的路径分析》，《对外经贸实务》2015 年第 9 期。

戴君、贾琪、谢珊等：《基于结构方程模型的可持续供应链绩效评价研究》，《生态经济》（中文版）2015 年第 4 期。

戴俊、韦复生、屈迟文：《广西对东盟农产品出口贸易的影响因素》，《贵州农业科学》2014 年第 9 期。

道格拉斯·朗（Long D.）：《国际物流：全球供应链管理》，电子工业出版社 2006 年版。

丁珏：《我国跨境电商农产品贸易发展的特点与制约因素分析》，《对外经贸实务》2016 年第 4 期。

丁珏：《"一带一路"背景下浙江农产品跨境电商物流系统优化分析》，《经济论坛》2017 年第 10 期。

丁俊发：《"一带一路"与全球供应链》，《全球化》2016 年第 7 期。

丁俊发：《全球供应链正在改变世界》，《经济界》2017 年第 1 期。

丁宁：《流通商主导的供应链战略联盟与价值链创新》，《商业经济与管理》2014 年第 2 期。

董伟：《以超市为核心企业的农产品供应链绩效评价研究》，硕士学位论文，北京交通大学，2010 年。

杜凤蕊：《中国—东盟农产品物流研究》，《价格月刊》2013 年第 4 期。

杜红梅：《我国农产品绿色供应链耦合机制：制度经济学视角》，博士学位论文，湖南农业大学，2010 年。

杜丽敬、李延晖：《选址—库存—路径问题模型及其集成优化算法》，《运筹与管理》2014 年第 4 期。

杜宇迪：《"逆全球化"背景下我国农产品外贸产业供应链的重建与创新》，《农业经济》2018 年第 1 期。

杜玉申、马方园、张金玉：《公平感知和效率感知对供应链合作关系稳定性的影响——以环境不确定性为调节变量》，《企业经济》2012 年第 10 期。

樊端成：《流通和生产并重：完善内外贸易体系——中国—东盟农业合作与广西农业结构调整研究之二》，《广西社会科学》2008 年第 3 期。

樊星、邵举平、孙延安：《基于模糊理论的跨国农产品供应链风险识别与评估》，《科技管理研究》2016 年第 6 期。

范瑾：《基于 FANP 方法的循环农业绿色供应链绿色度评价模型研究》，《湖北农业科学》2015 年第 21 期。

房丽娜、郭静：《供应商行为对农产品供应链绩效影响实证研究》，《商业经济研究》2015 年第 34 期。

冯春、方晓舒、李启洋等：《"公司＋农户"型订单农业供应链稳定性分析》，《交通运输工程与信息学报》2017 年第 4 期。

冯芳：《跨境生鲜物流的五大痛点及优化方案》，《对外经贸实务》2016 年第 9 期。

冯雪萍：《中国—东盟自贸区背景下广西农产品物流存在问题及对策》，《中国物流与采购》2013 年第 19 期。

伏红勇、但斌：《不利天气影响下"公司＋农户"型订单契约设计》，《中国管理科学》2015 年第 11 期。

傅晨、任辉：《农业转移人口市民化背景下农村土地制度创新的机理：一个分析框架》，《经济学家》2014 年第 3 期。

符少玲：《农产品供应链整合与质量绩效》，《华南农业大学学报》（社会科学版）2016 年第 3 期。

符少玲、王升：《涉农供应链伙伴关系、合作绩效和合作稳定性的关系研究》，《情报杂志》2008 年第 6 期。

傅国华：《构建热带农业跨国产业链专题研究》，《海南大学学报》（人文社会科学版）2012 年第 4 期。

付海臣：《有机农产品供应链增值效益问题的研究》，硕士学位论文，北京交通大学，2010 年。

高倩倩：《连锁超市农产品供应链绩效评价体系研究》，硕士学位论文，西南交通大学，2011 年。

高强、穆丽娟：《"合作社主导型农产品供应链"利益分配研究》，《西部论坛》2015 年第 1 期。

高艳、冷志杰、刘新红：《关键成员发展循环经济的模糊综合评价研究——基于集成农产品供应链》，《农机化研究》2012 年第

4 期。

葛安华、姚向楠、战智强：《基于物元模型的供应链绩效评价研究》，《工业工程与管理》2014 年第 3 期。

龚梦、祁春节：《我国农产品流通效率的制约因素及突破点——基于供应链理论的视角》，《中国流通经济》2012 年第 11 期。

苟建华：《拉美国家出口农产品供应链质量安全管理经验及启示——以巴西、阿根廷、智利为例》，《生物技术世界》2014 年第 12 期。

顾佳佳：《现代物流发展与农产品对外贸易关系研究》，《物流技术》2012 年第 11 期。

郭锦墉、徐磊：《农民合作社"农超对接"对接关系稳定性及其影响因素分析》，《商业经济与管理》2017 年第 10 期。

郭丽华、张明玉：《基于利润分配机制的农产品供应链分析》，《物流技术》2006 年第 6 期。

桂良军：《基于 KPI 的中国零售企业供应链物流绩效评价研究》，《江苏商论》2007 年第 12 期。

何艳桃：《我国现代农业经营组织形式及其特点分析》，《商业时代》2012 年第 22 期。

贺大州：《"一带一路"倡议下中国广西与东盟农产品贸易的对策研究》，《世界农业》2017 年第 11 期。

侯杰泰、温忠麟、成子娟：《结构方程模型及其应用》，教育科学出版社 2004 年版。

胡凯、甘筱青：《"公司 + 农户"模式生猪供应链中农户最优饲养规模研究》，《系统工程理论与实践》2013 年第 5 期。

胡宪武、滕春贤：《供应链企业关系稳定机制的竞合博弈分析》，《统计与决策》2010 年第 22 期。

胡杨成：《战略联盟绩效的影响因素及理论评估模型》，《石河子大学学报》（哲学社会科学版）2007 年第 2 期。

黄桂红、饶志伟：《基于供应链一体化的农产品物流整合探析》，

《中国流通经济》2011 年第 2 期。

黄军：《中国东盟结合部热带、亚热带农产品物流运作模式研究——以广西百色市为例》，硕士学位论文，北京交通大学，2006 年。

黄俊：《动态能力、自主创新能力与联盟绩效关联性研究》，博士学位论文，重庆大学，2008 年。

黄丽娟、黄小军：《互联网环境下基于 SCOR 模型的中国农产品供应链构建策略》，《广州大学学报》（社会科学版）2015 年第 7 期。

黄一钰、王茂入、李好：《近年来广西对东盟农产品贸易：现状、问题及对策分析》，《经济视野》2014 年第 4 期。

黄勇：《基于 Shapley 值法的猪肉供应链利益分配机制研究》，《农业技术经济》2017 年第 2 期。

黄祖辉、鲁柏祥、刘东英等：《中国超市经营生鲜农产品和供应链管理的思考》，《商业经济与管理》2005 年第 1 期。

霍宝锋：《变"单赢"为"多赢"——基于信任、承诺与权力的供应链关系管理》，《北大商业评论》2013 年第 2 期。

霍宝锋、李丝雨：《供应链整合与绩效：文献综述》，《北京联合大学学报》2015 年第 3 期。

纪良纲、刘东英、郭娜：《农产品供应链整合的困境与突破》，《北京工商大学学报》（社会科学版）2015 年第 1 期。

贾长杰：《加强农村人力资源开发的有效举措》，《科技致富向导》2012 年第 21 期。

贾敬敦、张东科、张玉玺等：《农产品流通蓝皮书：中国农产品流通产业发展报告（2014）》，社会科学文献出版社 2015 年版。

贾强法：《生鲜农产品供应链结构优化分析》，《商业经济研究》2017 年第 13 期。

姜长云、洪群联：《2012 年农产品流通政策回顾与评述》，《经济研究参考》2013 年第 56 期。

姜骞：《供应链企业间信任对供应链合作稳定性的作用机制》，《中国流通经济》2016 年第 9 期。

蒋倩：《"互联网＋"背景下农产品供应链优化分析》，《商业经济研究》2016 年第 15 期。

蒋咏絮：《区域性农产品电商供应链系统优化策略》，《商业经济研究》2016 年第 17 期。

蓝伯雄、郑晓娜、徐心：《电子商务时代的供应链管理》，《中国管理科学》2000 年第 3 期。

雷小华：《中国—东盟跨境经济合作区发展研究》，《亚太经济》2013 年第 3 期。

冷志杰：《基于农产品供应链集成机制的大豆供应链集成对策研究》，《复旦学报》（自然科学版）2007 年第 4 期。

黎继子、周兴建、汪忠瑞等：《FDI 视角下基于股权分配的跨国供应链动态决策分析》，《中国管理科学》2015 年第 S1 期。

李长海：《联合国全球契约〈2013 全球企业可持续性〉报告之供应链管理：可持续性提升的着力点》，《WTO 经济导刊》2013 年第 11 期。

李道亮：《农业物联网导论》，科学出版社 2012 年版。

李海燕、但斌、张旭梅：《关联供应链——面向可持续发展的新型供应链管理模式》，《生态经济》（中文版）2006 年第 11 期。

李剑、姜宝、邢晓丹：《全球供应链视角下我国"走出去"战略的新常态》，《华东经济管理》2016 年第 11 期。

李京文、何喜军：《供应链网络稳定性研究评述》，《经济与管理研究》2014 年第 4 期。

李军民、朱有志、曾福生等：《借鉴国外成功经验提升我国农产品供应链的管理能力》，《江苏农业科学》2007 年第 2 期。

李儒晶：《供应链绩效评价研究》，《企业经济》2012 年第 10 期。

李万青：《基于东盟自由贸易区的广西农产品绿色物流推广策略》，《江苏商论》2010 年第 8 期。

李武强、孙荣庭、刘德智：《丝绸之路经济带背景下的农产品供应链一体化模式》，《中国流通经济》2017年第11期。

李宪宁、安玉发：《基于协议流通的中国生鲜农产品供应链管理策略——物美集团、中商集团、新疆果业集团的案例研究》，《现代管理科学》2013年第3期。

李晓宇、王颖：《非对称信息下的农产品供应链动态博弈优化模型研究》，《管理现代化》2014年第5期。

李秀起、赵艳萍：《供应链合作伙伴关系中信任行为分析》，《中国物流与采购》2010年第14期。

李艳芳：《基于绩效评价的供应链控制研究》，硕士学位论文，哈尔滨工业大学，2006年。

李艺、郑国华、陈建华：《基于多级模糊评价法的供应链稳定性评价》，《物流技术》2009年第12期。

李远东：《我国农业生产经营组织形式变革的实现途径探析》，《经济经纬》2009年第5期。

李占雷、史江亚：《简单三级供应链的资金周转协同管理——基于供应链金融生态系统的视角》，《财会月刊》2014年第19期。

梁鹏、李江：《基于Shapley值法的农产品供应链联盟利益分配机制研究》，《商业研究》2013年第8期。

林杰、戴秀英：《吉林省农产品加工企业供应链管理模式可持续发展研究》，《长春理工大学学报》（社会科学版）2018年第1期。

林乐碳：《基于DEA模型的农超对接模式的绩效研究》，《中国经贸导刊》2010年第9期。

林勇、陈凯：《季节性产品的两级供应链产量——提前期决策模型》，《工业工程与管理》2007年第4期。

刘彬：《基于绿色采购的制造企业供应商选择与绩效关系实证研究》，博士学位论文，大连理工大学，2008年。

刘昌贵、但斌：《供应链战略合作伙伴关系的建立与稳定问题》，

《软科学》2006 年第 3 期。

刘超:《战略管理视角下的供应链绩效评价研究》,《北京工商大学学报》(社会科学版) 2010 年第 2 期。

刘朝刚、马士华:《供应链合作的稳定性分析》,《科技管理研究》2007 年第 2 期。

刘春玲、黎继子、肖位春等:《考虑风险因素的供应链捆绑融资模型及分析》,《投资研究》2013 年第 5 期。

刘春全、李仁刚:《供应链管理研究现状综述》,《华中农业大学学报》(社会科学版) 2008 年第 2 期。

刘德、鞠颂东:《供应链优化配置投资效益分析》,《管理现代化》2008 年第 4 期。

刘东英:《系统协同视角下农产品供应链整合的瓶颈》,《商业经济研究》2015 年第 21 期。

刘方媛、闫阳雨:《绩效管理理念在农业龙头企业与农户关系治理中的应用》,《东北农业大学学报》(社会科学版) 2015 年第 1 期。

刘国斌:《论亚投行在推进"一带一路"建设中的金融支撑作用》,《东北亚论坛》2016 年第 2 期。

刘俊华、李燕霞:《乳品供应链效率测度研究进展》,《科技管理研究》2014 年第 22 期。

刘俐、张宇峰:《我国食用农产品供应链优化与控制关键因素分析》,《物流技术》2007 年第 5 期。

刘璐琳:《有机农业协作式供应链契约稳定性的经济学解释》,《北方民族大学学报》2010 年第 5 期。

刘琦:《供应链关系稳定性因素对其绩效的影响研究——基于生鲜农产品供应链的实证》,硕士学位论文,宁波大学,2014 年。

刘绍吉:《农业产业化经营利益联结机制比较研究——以云南曲靖为例》,《安徽农业科学》2011 年第 24 期。

刘胜春、王永伟、李婷等:《"关系"对供应链合作绩效的影响——

来自农业领域的证据》，《软科学》2015 年第 2 期。

刘伟华、周丽珍、刘春玲等：《基于网络层次分析方法的物流服务供应链综合绩效评价》，《工业工程》2011 年第 4 期。

刘秀玲、戴蓬军：《农业产业化经营中供应链物流管理研究》，《商业研究》2006 年第 5 期。

刘远震：《中国—东盟农产品电子商务模式创新——基于交易成本视角的研究》，《电子商务》2014 年第 10 期。

刘峥、徐琪：《"快时尚"服装产业供应链利益分配机制探索——以合作博弈为视角》，《河北经贸大学学报》2013 年第 4 期。

刘助忠、龚荷英：《"互联网 +"概念下的"O2O"型农产品供应链流程集成优化》，《求索》2015 年第 6 期。

鲁耀斌、杨光明、杨敏才：《供应链管理中不确定性的来源、表现及应对策略》，《科技进步与对策》2004 年第 4 期。

陆杉：《农产品供应链成员信任机制的建立与完善——基于博弈理论的分析》，《管理世界》2012 年第 7 期。

罗必良：《论农业分工的有限性及其政策含义》，《贵州社会科学》2008 年第 1 期。

罗必良、李雁玲、罗明忠等：《粤澳食品安全合作机制研究——基于农产品安全视角》，中国农业出版社 2012 年版。

罗万纯：《农户农产品销售渠道选择及影响因素分析》，《调研世界》2013 年第 1 期。

马斌、张国艳：《企业战略联盟稳定性的影响因素研究》，《山西高等学校社会科学学报》2011 年第 1 期。

马骊：《中国苹果汁出口东盟形势及对策分析》，《四川大学学报》（哲学社会科学版）2014 年第 3 期。

马少华、欧晓明：《基于企业社会责任视角的农产品质量安全机制研究》，《农村经济》2014 年第 5 期。

马士华、李华焰、林勇：《平衡记分法在供应链绩效评价中的应用研究》，《工业工程与管理》2002 年第 4 期。

马士华、林勇：《供应链管理》，高等教育出版社 2006 年版。

毛溢辉：《供应链合作稳定性因素对供应链绩效的影响研究》，硕士学位论文，浙江大学，2008 年。

麦影：《动态能力与关系资本互动提升供应链协同创新效应研究》，《物流技术》2014 年第 23 期。

孟雷：《我国城乡双向商贸流通体系的构建与运行机制探讨》，《中国流通经济》2013 年第 6 期。

庞燕：《农产品供应链企业与农户共生关系的优化——以油茶为实证》，《求索》2016 年第 6 期。

庞燕、王忠伟：《农产品外贸物流网络优化研究》，《中国流通经济》2011 年第 7 期。

彭芬、张明玉：《农产品农超对接体系绩效评价模型构建》，《管理现代化》2015 年第 2 期。

钱莎莎：《基于 ISM 模型的跨境生鲜电商的供应链绩效分析》，《物流工程与管理》2014 年第 8 期。

钱文荣：《理论源于实践、指导实践并受实践检验》，《世界经济与政治》2006 年第 10 期。

乔志强、肖静、刘岩：《基于层次分析法的供应链稳定性评价研究》，信息技术、服务科学与工程管理国际学术会议论文，北京，2011 年 12 月。

覃汉松、欧阳梓祥：《供应链中信任关系的建立和发展》，《经济管理》2002 年第 16 期。

权小锋、尹洪英：《基于互惠合作的供应链合作关系稳定机制研究》，《物流技术》2007 年第 8 期。

热比亚·吐尔逊、宋华：《供应链安全管理能力对食品企业绩效的影响研究：两种信号的中介作用比较》，《新疆社会科学》（汉文版）2015 年第 4 期。

阮建女：《基于隐形贸易战的农产品出口供应链优化研究》，《世界农业》2012 年第 6 期。

阮平南、刘红霞：《产业联盟绩效评估理论框架研究》，《商业时代》
2010 年第 30 期。

沈丹阳、黄金利、何仕奇：《我国跨境电商物流模式研究》，《价格
月刊》2015 年第 8 期。

生步兵：《供应链联盟关系稳定性及其对联盟绩效影响的实证研
究》，硕士学位论文，扬州大学，2009 年。

石倍嘉：《国际贸易和电子商务环境下供应链战略联盟的绩效评
价》，《物流技术》2015 年第 12 期。

史丽萍、刘强、李静媛：《制造业供应链伙伴间态度性承诺对供应
链脆弱性作用机制》，《管理科学》2014 年第 5 期。

宋东风：《我国中小企业组织创新研究》，博士学位论文，西北农林
科技大学，2009 年。

宋华、贾景姿：《全球供应链模型构建及相关研究述评》，《商业研
究》2014 年第 2 期。

宋巧娜：《农产品供应链绩效评价研究》，《安徽农业科学》2012 年
第 22 期。

宋薇：《新疆出口农产品冷链物流产业组织研究》，硕士学位论文，
新疆农业大学，2014 年。

苏菊宁、蒋昌盛、陈菊红等：《具有奖惩结构的三级建筑供应链工
期协调优化》，《系统工程学报》2011 年第 1 期。

隋博文：《关系稳定性、联盟绩效与跨境农产品供应链优化：一个
理论框架及变量解释》，《经济与管理评论》2017 年第 2 期。

隋博文：《跨境农产品供应链关系稳定性影响因素研究——基于广
西—东盟的实证分析》，《当代经济管理》2016 年第 7 期。

隋博文：《跨境农产品供应链联盟绩效评价研究——基于广西—东
盟的实证分析》，《北京交通大学学报》（社会科学版）2017 年
第 3 期。

隋博文：《关系稳定性对跨境农产品供应链联盟绩效的影响——基
于广西—东盟的实证分析》，《中国流通经济》2017 年第 1 期。

隋博文：《广西—东盟跨境农产品供应链优化研究——基于关系稳定性和联盟绩效的双重视角》，《农业经济与管理》2016 年第 5 期。

隋博文：《多重视角下的农产品流通模式研究：基于文献综述的考量》，《广西经济管理干部学院学报》2015 年第 3 期。

隋博文、王付存：《早期收获计划下广西农产品生产贸易演进特征及应对策略——以荔枝与龙眼为例》，《广西经济管理干部学院学报》2016 年第 1 期。

隋博文、庄丽娟：《跨境农产品供应链：中国—东盟农产品流通产业发展的基石》，《中国流通经济》2016 年第 2 期。

隋博文、庄丽娟：《跨境农产品供应链的形成机制、类型特点及整合策略——基于广西—东盟的实践》，《对外经贸实务》2015 年第 6 期。

隋博文、庄丽娟：《中国—东盟双方跨境农业合作方式探析》，《对外经贸实务》2017 年第 6 期。

隋博文、庄丽娟：《现代农业经营组织创新的五个维度解析》，《商业经济研究》2016 年第 2 期。

孙大岩、孔繁利：《中国—东盟农产品贸易新趋势与对策》，《改革与战略》2015 年第 10 期。

孙洁晶、寇明婷、张建新：《跨境农产品电商主流模式运行困境与优化研究》，《价格月刊》2016 年第 3 期。

孙开钊：《"互联网＋"下我国农产品供应链创新》，《企业经济》2015 年第 12 期。

孙炜、万筱宁、孙林岩：《电子商务环境下我国农产品供应链体系的结构优化》，《工业工程与管理》2004 年第 5 期。

孙晓梅：《生鲜农产品供应链绩效评价研究》，硕士学位论文，大连海事大学，2012 年。

谭晶荣、蔡燕林、高颖等：《中国对丝绸之路经济带沿线国家农产品出口贸易决定因素分析》，《农业经济问题》2015 年第 11 期。

谭玲玲：《以高效和同步为目标的供应链流程优化》，《山东社会科学》2006 年第 10 期。

谭涛：《农产品供应链组织效率研究》，博士学位论文，南京农业大学，2004 年。

谭砚文：《资源约束、贸易失衡与我国农业"走出去"战略》，《广东社会科学》2011 年第 6 期。

唐金环、戚守峰：《基于定量模型的低碳供应链运营管理研究综述》，《工业技术经济》2014 年第 7 期。

唐恺：《企业供应链联盟（SCA）稳定性理论研究》，硕士学位论文，南京理工大学，2007 年。

陶涛、郭宇宸：《跨境电商平台作为新型贸易中间商的理论基础与现实发展》，《新视野》2016 年第 2 期。

田刚、罗建强、庄晋财等：《集群供应链视角下农产品加工业与物流业共生演化研究——以漯河农产品加工集群为例》，《商业经济与管理》2015 年第 9 期。

王东波：《依托农产品批发市场构建果蔬供应链体系——基于广西田阳农副产品综合批发市场的调查与思考》，《吉首大学学报》（社会科学版）2017 年第 S2 期。

王冬梅、吕本富：《供应链管理对企业财务绩效的影响研究》，《管理评论》2010 年第 1 期。

王飞：《区域农产品供应链绩效影响因素分析》，《商业经济研究》2016 年第 21 期。

王宏伟、陈菊红：《动态供应链管理研究综述》，《科技管理研究》2010 年第 21 期。

王洪鑫、樊雪梅、孙承志：《基于物流能力的农产品供应链绩效评价问题研究》，《生产力研究》2009 年第 19 期。

王纪元、肖海峰：《中国与东盟农产品产业内贸易及影响因素——基于 1992—2015 年面板数据的实证研究》，《经济问题探索》2018 年第 2 期。

王金辉:《我国农产品供应链路径创新》,人民政协报 2015 年 3 月 12 日第 12 版。

王景敏:《广西北部湾建设中国—东盟茶叶物流中心的构想》,《南宁职业技术学院学报》2018 年第 1 期。

王景敏、李壮阔:《面向东盟的广西农产品物流体系建设》,《对外经贸实务》2013 年第 12 期。

王丽娟:《供应链系统中灰博弈的灰色动态规划模型》,《华中科技大学学报》(自然科学版)2009 年第 4 期。

王丽娟、王淑慧、李莉等:《基于 DEA 方法的乳品供应链绩效评价研究》,《黑龙江八一农垦大学学报》2017 年第 6 期。

王胜、丁忠兵:《农产品电商生态系统——一个理论分析框架》,《中国农村观察》2015 年第 4 期。

王腾飞、张晓辛、潘家坪等:《我国蔬菜供应链流程优化研究》,《安徽农业科学》2013 年第 14 期。

王铁、杨林娟、王霖等:《基于 DEA 的甘肃农业产业化国家重点龙头企业绩效评价》,《中国农学通报》2014 年第 34 期。

王勇、邓旭东:《基于因子分析的农产品供应链绩效评价实证》,《中国流通经济》2015 年第 3 期。

王勇、游泽宇:《"菜联网"绿色供应链绩效评价模型的构建》,《物流技术》2013 年第 7 期。

王宇波、马士华:《我国农业产业化进程中农产品供应链管理的几点思考》,《物流技术》2004 年第 11 期。

王周火:《供应链管理执行与外贸企业绩效的结构方程模型构建及修正》,《统计与决策》2013 年第 20 期。

魏津瑜、吴晓玮:《战略采购与供应链绩效的关系——基于供应链关系资本视角的实证研究》,《珞珈管理评论》2013 年第 2 期。

文晓巍、张蓓:《粤澳农产品供应链质量安全风险控制研究》,《农业现代化研究》2012 年第 3 期。

吴俊红:《"一带一路"背景下我国农产品跨境电商发展的问题与对

策》，《农业经济》2017 年第 7 期。

吴莉婧、谢淑华：《"一带一路"战略背景下的农产品国际贸易》，《安徽农业科学》2016 年第 2 期。

吴孟霖：《国内外农产品供应链管理的研究综述及展望》，《中国商论》2015 年第 8 期。

吴明隆：《结构方程模型——AMOS 的操作与应用》，重庆大学出版社 2010 年版。

吴彦艳：《价值链视角下农产品供应链集成优化策略研究》，《商业经济研究》2018 年第 1 期。

夏春玉：《流通、流通理论与流通经济学——关于流通经济理论（学）的研究方法与体系框架的构想》，《财贸经济》2006 年第 6 期。

夏晓婷、David J.：《如何建立良好的供应链关系》，《中国物流与采购》2015 年第 9 期。

夏芸：《可持续发展战略下绿色绩效评价综合模型》，《统计与决策》2005 年第 23 期。

肖绍萍：《基于贸易与合作的中国—东盟农产品物流体系构建》，《特区经济》2011 年第 4 期。

肖为群、魏国辰：《发展农产品供应链合作关系》，《宏观经济管理》2010 年第 5 期。

谢如鹤、邱祝强：《生鲜农产品供应链系统的自组织化分析》，《广州大学学报》（社会科学版）2010 年第 2 期。

熊峰、彭健、金鹏等：《生鲜农产品供应链关系契约稳定性影响研究——以冷链设施补贴模式为视角》，《中国管理科学》2015 年第 8 期。

熊吉陵、邓伟：《农业纵向一体化经营与农户横向一体化合作——我国"三农问题"及其出路解析》，《宁波大学学报》（人文科学版）2013 年第 2 期。

熊肖雷、李冬梅、冯莹等：《农业现代化进程中农户农业标准化生产意愿分析》,《农业现代化研究》2015 年第 5 期。

徐贤浩、马士华、陈荣秋:《供应链绩效评价特点及其指标体系研究》,《华中理工大学学报》(社会科学版) 2000 年第 2 期。

许杰峰、雷星晖:《基于建筑信息模型的建筑供应链合作利益分配》,《中国科技论坛》2016 年第 10 期。

许淑君、马士华:《我国供应链企业间的信任危机分析》,《计算机集成制造系统》2002 年第 1 期。

许仲彦、孙锐:《电子商务供应链组织绩效评析》,《商业时代》2004 年第 21 期。

鄢章华、滕春贤、刘蕾:《供应链信任传递机制及其均衡研究》,《管理科学》2010 年第 6 期。

颜廷武、张童朝、贺孟业等:《农产品供应链对农户减贫增收的关联效应分析——基于滇、桂、苏、闽四省(区)的实证》,《农业现代化研究》2015 年第 6 期。

姚文、祁春节:《茶叶主产区订单农业有效性及契约稳定性研究——以西南地区茶叶生产为例》,《农业现代化研究》2017 年第 1 期。

杨彩虹:《基于粮食安全视角的粮食供应链优化与管理研究》,《改革与战略》2013 年第 12 期。

杨洪涛、石春生、姜莹:《"关系"文化对创业供应链合作关系稳定性影响的实证研究》,《管理评论》2011 年第 4 期。

杨利军:《基于供应链优化的流通企业供给侧改革》,《中国流通经济》2016 年第 4 期。

杨鹏强:《跨境供应链技术性贸易壁垒应对机制探析》,《物流技术》2015 年第 1 期。

杨为民:《中国蔬菜供应链结构优化研究》,博士学位论文,中国农业科学院,2006 年。

杨为民:《农产品供应链一体化模式初探》,《农村经济》2007 年第 7 期。

杨向东、白丁、卞子全：《广西特色经济农产品供应链及其品牌建设研究——以桂林地区为例》，《安徽农业科学》2010 年第24 期。

叶军、吴维阳、高岩：《质量安全视角下农产品供应链结构优化分析》，《中国经贸导刊》2015 年第 2 期。

殷慧慧、刘永悦、刘从敏：《蔬菜"农超对接"绩效评价研究——以中国黑龙江省哈尔滨市"农户＋合作社＋超市"为例》，《世界农业》2015 年第 8 期。

殷继勇：《基于系统协同的农产品供应链研究》，《物流技术》2012 年第 19 期。

易法敏、夏炯：《基于电子商务平台的农产品供应链集成研究》，《经济问题》2007 年第 1 期。

易俊松、魏思琳、杨印生：《依托第三方物流的生鲜农产品供应链系统分析》，《黑龙江八一农垦大学学报》，2017 年第 6 期。

于春云、关志民、赵希男：《基于条件乐观期望利润的供应链优化与协调模型》，《东北大学学报》（自然科学版）2013 年第 1 期。

宇传华：《SPSS 与统计分析》，电子工业出版社 2014 年版。

于红莉、卢文思：《供应链稳定性架构研究》，《长春大学学报》2011 年第 5 期。

于梦晓、姜道奎：《中韩 FTA 对山东农产品供应链管理的影响》，《物流技术》2015 年第 23 期。

于巧娥：《电子商务环境下供应链战略联盟的绩效评价》，《商业经济研究》2016 年第 13 期。

于晓虹、冯国珍：《基于投影寻踪技术的供应链绩效评价与实证研究》，《物流技术》2016 年第 10 期。

于志宏：《沃尔玛承诺深入推动全球供应链可持续发展，将可持续性发展指数整合到供应链》，《WTO 经济导刊》2012 年第 11 期。

余滢：《农产品加工企业为核心的农产品供应链运作及绩效评价》，硕士学位论文，中南大学，2009 年。

原征、张宝明：《跨境农产品电商主流模式研究》，《中国集体经济》2014 年第 21 期。

曾秋梅、张义伟、王艳：《"一带一路"战略背景下滇越农产品外贸物流分析》，《物流技术》2015 年第 23 期。

曾荣浩、杜跃平：《基于现值法的供应链合作伙伴关系稳定性研究》，《情报杂志》2006 年第 2 期。

曾文杰、马士华：《制造行业供应链合作关系对协同及运作绩效影响的实证研究》，《管理学报》2010 年第 8 期。

张翠华、杨佰强：《供应链关系及其对企业绩效的影响分析》，《工业技术经济》2006 年第 7 期。

张得银、王铃铃：《生鲜产品供应链的风险识别及控制研究——基于大型商超 A 的实证检验》，《生产力研究》2017 年第 12 期。

张虹：《基于物流网络建设的农业供应链优化研究》，《农业经济》2012 年第 8 期。

张洪坤：《基于供应链战略协同的农产品物流运行机制研究》，《商业经济研究》2015 年第 35 期。

张建中：《广西与东盟农业弱质性和农产品贸易竞争力研究》，《国际商务》（对外经济贸易大学学报）2009 年第 6 期。

张敏：《基于核心企业的农产品供应链分析》，《物流技术》2004 年第 5 期。

张明玉：《中国农产品现代物流发展研究：战略·模式·机制》，科学出版社 2010 年版。

张瑞东：《从原产地直销到跨境交易——电子商务推动我国农产品商流创新》，《农产品市场周刊》2014 年第 16 期。

张胜荣：《农业企业社会责任行为现状分析——基于 5 个省份的调研数据》，《广东农业科学》2013 年第 17 期。

张晟义：《中外涉农供应链研究和发展的初步比较》，《科技管理研究》2004 年第 5 期。

张晟义：《涉农供应链内生不稳定性及其解决》，《农业科学研究》2004 年第 2 期。

张天平、蒋景海：《三层次供应链绩效评价指标体系的构建》，《求索》2010 年第 6 期。

张武：《供应链核心业务流程优化的可视化技术》，《生产力研究》2012 年第 10 期。

张西林：《农产品供应链稳定性影响因素分析》，《物流技术》2015 年第 5 期。

张夏恒、郭海玲：《跨境电商与跨境物流协同：机理与路径》，《中国流通经济》2016 年第 11 期。

张相斌、林萍：《基于逆优化方法的供应链资源优化配置》，《系统工程》2015 年第 7 期。

张向阳、熊峰、邱妘：《我国农产品供应链构建》，《中国流通经济》2013 年第 11 期。

张鑫：《中越跨境农业区域经济合作研究》，《现代经济探讨》2016 年第 12 期。

张鑫：《中国—东盟农业产业链一体化合作研究》，《世界地理研究》2017 年第 6 期。

张秀芳：《关系营销视角下供应链战略合作伙伴关系探讨》，《商业经济研究》2017 年第 16 期。

张学龙：《农产品供应链战略联盟收益分配方法研究》，《广西农学报》2014 年第 6 期。

张学志、陈功玉：《我国农产品供应链的运作模式选择》，《中国流通经济》2009 年第 10 期。

张毅：《我国西部农产品跨境电子商务发展策略分析》，《农业经济》2016 年第 11 期。

张英华、彭建强：《供应链协同创新绩效评价指标体系构建》，《社会科学家》2016 年第 10 期。

张玉娥、余稳策、晋乐：《海上丝绸之路背景下中国广西与东盟国家农产品竞争性与互补性》，《世界农业》2016 年第 7 期。

赵春燕：《原产地农产品产销对接机制——基于阳澄湖大闸蟹、洞庭山碧螺春的深度分析》，《江苏农业科学》2016 年第 12 期。

赵磊：《关系资本对电能供应链绩效影响机理研究》，硕士学位论文，华北电力大学，2014 年。

赵圣斌、石春生、刘微微：《非对称连续情况下冲突对供应链绩效作用模型》，《运筹与管理》2012 年第 5 期。

赵晓飞：《我国现代农产品供应链体系构建研究》，《农业经济问题》2012 年第 1 期。

赵晓飞、李崇光：《心理预期对农产品供应链稳定性影响研究》，《珞珈管理评论》2008 年第 1 期。

郑光财：《基于连锁经营的农产品供应链优化——以浙江省为例》，《江苏商论》2011 年第 8 期。

郑国富：《"一带一路"倡议下中国与东盟农产品贸易合作发展的路径与前景》，《对外经贸实务》2017 年第 10 期。

郑欢：《我国对外贸易增长与跨境电商的互动研究》，《改革与战略》2016 年第 11 期。

郑晶、潘苏、张智彪等：《中国—东盟自由贸易区农产品贸易格局分析》，《华南农业大学学报》（社会科学版）2015 年第 3 期。

郑品石、袁天赐：《基于 EVA 和平衡计分卡的供应链绩效研究》，《商业时代》2012 年第 12 期。

郑思宁、黄祖辉、郑逸芳：《海峡两岸水产品对东盟市场出口增长的影响因素及合作对策》，《中国农业大学学报》2017 年第 12 期。

郑素芳、傅国华：《构建海南—东盟热带农业空间产业链浅析》，《广东农业科学》2011 年第 1 期。

钟凤艳：《论中国—东盟自由贸易区背景下广西农业龙头企业的新发展》，《经济研究参考》2012 年第 5 期。

周丹、王德章:《"互联网＋农产品流通"融合发展研究》,《学术交流》2015 年第 11 期。

周叮波:《"一带一路"背景下中国与东盟农产品跨境出口电商模式创新》,《商业经济研究》2018 年第 4 期。

周曙东、胡冰川、吴强等:《中国—东盟自由贸易区的建立对区域农产品贸易的动态影响分析》,《管理世界》2006 年第 10 期。

周晓东:《供应链整体绩效影响因素及优化措施》,《中南民族大学学报》(人文社会科学版) 2004 年第 S1 期。

周英豪:《中国与东盟农产品贸易：总体特征及结构变化趋势》,《国际贸易问题》2007 年第 5 期。

朱烈夫、陈伟:《中国与东盟农产品贸易策略探讨》,《世界农业》2015 年第 2 期。

朱懿、张林:《广西：建设中国—东盟农作物电商平台构想》,《开放导报》2015 年第 5 期。

朱毅华、王凯:《农产品供应链整合绩效实证研究——以江苏地区为例》,《南京农业大学学报》(社会科学版) 2004 年第 2 期。

庄丽娟、郑旭芸:《中国—东盟热带水果贸易强度及潜力分析》,《华南农业大学学报》(社会科学版) 2016 年第 1 期。

Ahumada O., Villalobos J. R., "Application of Planning Models in the Agri-food Supply Chain: A Review", *European Journal of Operational Research*, Vol. 196, No. 2, 2009.

Altiok T., Ranjan R., "Multi-stage, Pull-type Production/Inventory Systems", *IIE Transactions*, Vol. 27, No. 7, 1995.

Beamon B. M., "Supply Chain Design and Analysis: Models and Methods", *International Journal of Production Economics*, Vol. 55, No. 3, 1998.

Bijulal D., Jayendran V., "Closed-loop Supply Chain Stability under Different Production-Inventory Policies", Paper Delivered to the 26th International Conference of the System Dynamics Society, sponsored by International System Dynamics Society, Athens, Greece, July 20 – 24, 2008.

Boehlje M. , "Industrialization of Agriculture", *Choices the Magazine of Food Farm and Resource Issues*, Vol. 75, No. 5, 1996.

Boehlje M. , Schiek W. , "Critical Success Factors in a Competitive Dairy Market", *Journal of Dairy Science*, Vol. 81, No. 6, 1998.

Bradford K. D. , Stringfellow A. , and Weitz B. A. , "Managing Conflict to Improve the Effectiveness of Retail Networks", *Journal of Retailing*, Vol. 80, No. 3, 2004.

Bruce M. , Leverick F. , and Littler D. , "Complexities of Collaborative Product Development", *Technovation*, Vol. 15, No. 9, 1995.

Camm J. D. , Chorman T. E. , Dill F. A. et al. , "Blending OR/MS, Judgment, and GIS: Restructuring PandG's Supply Chain", *Interfaces*, Vol. 27, No. 1, 1997.

Carmeli A. , Azeroual B. , "How Relational Capital and Knowledge Combination Capability Enhance the Performance of work Units in a High Technology Industry", *Strategic Entrepreneurship Journal*, Vol. 3, No. 1, 2009.

Chen I. J. , Paulraj A. , "Understanding Supply Chain Management: Critical Research and a Theoretical Framework", *International Journal of Production Research*, Vol. 42, No. 1, 2004.

Christopher M. , Ryals L. , "Supply Chain Strategy: Its Impact on Shareholder Value", *International Journal of Logistics Management*, Vol. 10, No. 1, 1999.

Cohen W. M. , Levinthal D. A. , "Absorptive capacity: A new Perspective on Learning and Innovation", *Administrative Science Quarterly*, Vol. 35, No. 1, 1990.

Collins J. D. , Hitt M. A. , "Leveraging Tacit Knowledge in Alliances: The Importance of Using Relational Capabilities to Build and Leverage

Relational Capital", *Journal of Engineering and Technology Management*, Vol. 23, No. 3, 2006.

Connor F. O., "Supply of, and Demand for, a Resource: Fuzzy Logistical Optimisation Technique Original Research Article", *Applied Energy*, Vol. 46, No. 4, 1993.

Cooper M. C., Ellram L. M., "Characteristics of Supply Chain Management and the Implications for Purchasing and Logistics Strategy", *International Journal of Logistics Management*, Vol. 4, No. 2, 1993.

Coyle J. J., Bardi E. J. and Langley C. J., *The Management of Business Logistics: A Supply Chain Perspective*, Cincinnati: South – Western College Publishing, 2002.

Croom S., Romano P., Giannakis M., "Supply Chain Management: An Analytical Framework for Critical Literature Review", *European Journal of Purchasing and Supply Management*, Vol. 6, No. 1, 2000.

Das T. K., Teng B. S., "Between Trust and Control: Developing Confidence in Partner Cooperation in Alliances", *Academy of Management Review*, Vol. 23, No. 3, 1998.

Das T. K., Teng B. S., "Instabilities of Strategic Alliances: An Internal Tensions Perspective", *Organization Science*, Vol. 11, No. 1, 2000.

Doney P. M., Cannon J. P., "An Examination of the Nature of Trust in Buyer – seller Relationships", *Journal of Marketing*, Vol. 61, No. 2, 1997.

Downey W. D., "The Challenges of Food and Agri Products Supply Chains", Paper Delivered to the 2nd International Conference on Chain Management in Agribusiness and the Food Industry, Sponsored by Wageningen Agricultural University, Amsterdam, Netherlands, June 11 – 12, 1996.

Ellram L. M., Cooper M. C., "Supply Chain Management, Partnership, and the Shipper – Third Party Relationship", *International Journal of*

Logistics Management, Vol. 1, No. 2, 1990.

Feenstra R. C. , "Integration of Trade and Disintegration of Production in the Global Economy", *Working Papers*, Vol. 12, No. 4, 2003.

Fynes B. , Burca S. D. , "Marshall D. , "Environmental Uncertainty, Supply Chain Relationship Quality and Performance", *Journal of Purchasing and Supply Management*, Vol. 10, No. 4 - 5, 2004.

Fynes B. , Voss C. , Burca S. D. , "The Impact of Supply Chain Relationship Quality on Quality Performance", International Journal of Production Economics, Vol. 96, No. 3, 2005.

Gulati R. , Kletter D. , and Shrinking Core, "Expanding Periphery: The Relational Architecture of High - performing Organizations", *California Management Review*, Vol. 47, No. 3, 2005.

Hoekman B. M. , "Subsidies and Spillovers in a Value Chain World: New Rules Required?", Paper Delivered to E15 Initiative Geneva: International Centre for Trade and Sustainable Development (ICTSD) and World Economic Forum, sponsored by ICTSD, Geneva, Switzerland, June 21 - 23, 2015.

Hua Y. J. , "The Optimization Study on Agricultural Supply Chain Based on Export - oriented—Taking Zhejiang Province as an Example", *Rural Economy*, Vol. 25, No. 10, 2009.

Hull B. , "The Role of Elasticity in Supply Chain Performance", *International Journal of Production Economics*, Vol. 98, No. 3, 2005.

Johnson G. I. , Hofman P. J. , "Agri product Supply Chain Management in Developing Countries", Canberra: ACIAR Proceedings, 2012.

Kearney A. T. , "Performance Measurement System in Supply Chain Management", *Harvard Business Review*, Vol. 63, No. 3, 1985.

Kale P. , Singh H. , and Perlmutter H. , "Learning and Protection of Proprietary Assets in Strategic Alliances: Building Relational Capital", *Strategic Management Journal*, Vol. 21, No. 3, 2010.

Kliebenstein J. B. , Lawrence J. D. , "Contracting and Vertical Coordination in the United States Pork Industry", *American Journal of Agricultural Economics*, Vol. 77, No. 5, 1995.

Kramer E. , "Risk Management in the Supply Chain: Improving the Safety of Fresh Fruit and Vegetables", *Improving the Safety of Fresh Fruit and Vegetables*, Vol. 37, No. 8, 2005.

Lamming R. , "Squaring Lean Supply with Supply Chain Management", *International Journal of Operations and Production Management*, Vol. 16, No. 2, 1996.

Larry L. , *What About Measuring Supply Chain Performance?*, Boston: AMR Research Inc, 1998.

Lee H. L. , Billington C. , "Managing Supply Chain Inventory: Pitfalls and Opportunities", *Sloan Manag Rev*, Vol. 33, No. 3, 1992.

Lewis J. D. , "The New Power of Strategic Alliances", *Strategy and Leadership*, Vol. 20, No. 5, 2013.

Liz Hall D. , Ryan W. , *Chains of Suceess – Case Studies on International and Australian food Business to Cooperation to Compete in the Global Market*, Canberra: Agribusiness and Community Branch, 1998.

Lummus R. R. , Vokurka R. J. , and Alber K. L. , "Strategic Supply Chain Planning", *Production and Inventory Management Journal*, Vol. 39, No. 3, 1998.

Maloni M. J. , Brown M. E. , "Corporate Social Responsibility in the Supply Chain: An Application in the Food Industry", *Journal of Business Ethics*, Vol. 68, No. 1, 2006.

Manikas I. , Manos B. , "Design of an Integrated Supply Chain Model for Supporting Traceability of Dairy Products", *International Journal of Dairy Technology*, Vol. 62, No. 1, 2009.

Mighell R. L. , Jones L. A. , "Vertical Coordination in Agriculture", *Vertical Coordination in Agriculture*, Vol. 21, No. 3, 1963.

Morgan R. M. , Hunt S. D. , "The Commitment – Trust Theory of Relation-
    ship Marketing", *Journal of Marketing*, Vol. 58, No. 3, 1994.

Narasimhan R. , Nair A. , "The Antecedent Role of Quality, Information
    Sharing and Supply Chain Proximity on Strategic Alliance Formation
    and Performance", *International Journal of Production Economics*,
    Vol. 96, No. 3, 2005.

Neely A. , Gregory M. , and Platts K. , "Performance Measurement Sys-
    tem Design: A Literature Review and Research Agenda", *Interna-
    tional Journal of Operations and Production Management*, Vol. 25,
    No. 4, 1995.

Roekel V. J. , Center C. , Kopicki R. et al. , "Building Agri Supply
    Chains: Issues and Guidelines", Spring 2007, http: //lnwebl8.
    worldbank. org/ESSD/ardext. nsf/26ByDocName/BuildingAgri – Sup-
    ply – Chain Issues and Guidelines/MYMFILE/AgriSupplyChains. htm.

Roekel V. J. , Willems S. , and Boselie D. M. , "Agri Supply Chain Man-
    agement: To Stimulate the Cross – border Trade in Developing Coun-
    tries and Emerging Economies", Spring 2007, http: //lnweb18.
    Worldbank. org/ESSD/ardext. nsf/26ByDocName/Agri Supply Chain
    Management To Stimulate Cross – Border Trade in Developing Coun-
    tries/FILE/Agri Supply Chain Mang – finalversion. htm.

Roep D. , "Constructing a Sustainable Pork Supply Chain: A Case of
    Techno – institutional Innovation", *Journal of Environmental Policy
    and Planning*, Vol. 9, No. 1, 2007.

Salin V. , "Information Technology in Agri – food Supply Chains", *Inter-
    national Food and Agribusiness Management Review*, Vol. 1, No. 3,
    1998.

Stephens S. , "Supply Chain Operations Reference Model Version 5. 0: A
    New Tool to Improve Supply Chain Efficiency and Achieve Best Prac-
    tice", *Information Systems Frontiers*, Vol. 3, No. 4, 2001.

Stephens S. , "Trade Governance Frameworks in a World of Global Value Chains: Policy Options" (Winter 2015), http://www3.weforum.org/docs/E15/WEF_ Global_ Value_ Chainreport2015_ 1401. htm.

Stokke H. E. , "Multinational Supermarket Chains in Developing Countries: Does Local Agriculture Benefit?", *Agricultural Economics*, Vol. 40, No. 6, 2009.

Trienekens J. , Willems S. , "Multidisciplinary View on Sustainable Developent of Cross – Border Agri Supply Chains", Paper Delivered to Symposium of the 8th lustrum of Mercurius Wageningen, Sponsored by Wageningen Academic Publishers, Wageningen, Netherlands, November 8 – 10, 2002.

Venkatraman N. , "The Concept of Fit in Strategy Research: Toward Verbal and Statistical Correspondence", *Academy of Management Review*, Vol. 14, No. 3, 1989.

Vidal C. J. , Goetschalckx M. , "Strategic Production – Distribution Models: A Critical Review with Emphasis on Global Supply Chain Models", *European Journal of Operational Research*, Vol. 98, No. 1, 1997.

Woods T. S. , "The Formulator's Toolbox – Product Forms for Modern Agriculture", *Pesticide Chemistry and Bioscience*, Vol. 37, No. 6, 2004.

Yan A. , Zeng M. , "International Joint Venture Instability: A Critique of Previous Research, A Reconceptualization, and Directions for Future Research", *Journal of International Business Studies*, Vol. 30, No. 2, 1999.

Yang J. , Wang J. , Wong C. W. Y. et al. , "Relational Stability and Alliance Performance in Supply Chain", *Omega*, Vol. 36, No. 4, 2008.

Zeng M. , Chen X. P. , "Achieving Cooperation in Multiparty Alliance: A Social Dilemma Approach to Partnership Management", *Academy of Management Review*, Vol. 28, No. 4, 2003.

后　记

2018年正值中国改革开放40周年，亦是中国农业农村快速发展的40年，也恰逢广西壮族自治区成立60周年。2010年中国—东盟自由贸易区正式建成，为广西等西南民族地区开展面向东盟的跨境农产品供应链创新实践提供了新的机遇与空间。本书聚焦关系稳定性和联盟绩效双重视角下跨境农产品供应链的优化逻辑及其路径，以期为新时代中国—东盟农产品流通产业转型升级提供理论依据和实践指导。

本书是在我的博士论文基础上经多次修改，同时吸收部分最新研究成果，不断进行完善而成的。选择跨境农产品供应链优化这样一个新的领域作为研究内容，既是对自己理论功底和研究勇气的挑战，也使自己进入了一个需要持续探索和充满艰辛的研究过程。从选题、定题到框架设计、细节修改、阶段性成果发表，以至著作出版，首先要感谢的是我的导师庄丽娟教授，导师不仅在学术上传道、授业、解惑，还在生活上关怀、关心、关照，倾注了大量心血和汗水。导师德学双馨、为人通达、治学严谨，这也将成为今后永远鞭策我、激励我不断进取的精神动力！

工作与求学期间，深得华南农业大学经济管理学院罗必良教授、万俊毅教授、文晓巍教授、易法敏教授、谭砚文教授、高岚教授、林家宝教授，江苏大学管理学院庄晋财教授，桂林电子科技大学商学院刘枚莲教授，以及钦州学院经济管理学院傅远佳教授、朱芳阳教授、吴小玲教授等的教导、启迪与帮助。本书是教育部人文社会科学研究青年基金项目"关系稳定性、联盟绩效与跨境农产品供应链优化：以广西—东盟为例"（项目批准号：16YJC630105）的研究成果，课题组主要成员傅远佳教授、王景敏副教授、黄桂媛副教授、许玉萍博士、戚兆坤讲师等在文献及数据资料的收集和整理、书稿的排版和校对方面做出了积极贡献，使研究和书稿得以顺利完成。在此一并向他们表示衷心的感谢！

深深感谢父母、妻子和孩子在我学业道路上一直以来对我的理解、关心和鼎力支持，在紧张的工作与求学过程中，是他们给予了我最有力的精神鼓励，承担了大量的家务，给我提供了一个安静的学习环境，使我有勇气、有信心完成论文创作和著作出版，唯有努力进取以回报他们的付出。

感谢钦州学院学术著作出版基金的支持，感谢国家荔枝龙眼产业技术体系产业经济岗位和北部湾现代港口物流广西高等学校重点实验室、港口物流与湾区经济发展广西高等学校高水平创新团队、北部湾海洋文化广西高等学校人文社会科学重点研究基地、广西海上丝绸之路发展研究院、中国（上海）自贸区供应链钦州研究院、中国—东盟（钦州）农产品大市场等提供的调查研究平台、良好的研究氛围以及各位专家的协助。

感谢中国社会科学出版社在本书的编辑出版工作中付出的辛勤劳动。也向本书注明及未注明的相关研究成果的学者致以敬意。

当然，受主客观因素约束，本书肯定还存有诸多不足，恳请得到各位专家、学者和同人的批评、雅正，作者也将以此为新的开始，继续深化对中国—东盟农业互联互通尤其是跨境农产品物流与供应链管理的研究。

隋博文

2018 年 2 月定稿于北部湾大学城